जाँच अभी जारी है

(कहानी संग्रह)

जाँच अभी जारी है

ममता कालिया

लोकभारती प्रकाशन
पहली मंजिल, दरबारी बिल्डिंग, महात्मा गाँधी मार्ग, इलाहाबाद-1

लोकभारती प्रकाशन
पहली मंजिल, दरबारी बिल्डिंग, महात्मा गाँधी मार्ग
इलाहाबाद-211 001
वेबसाइट : www.lokbhartiprakashan.com
ईमेल : info@lokbhartiprakashan.com
शाखाएँ : 1-बी, नेताजी सुभाष मार्ग, दरियागंज
नई दिल्ली-110 002
अशोक राजपथ, साइंस कॉलेज के सामने
पटना-800 006 (बिहार)
36-ए, शेक्सपियर सरणी
कोलकाता-700 017

प्रथम संस्करण : 1989
वर्तमान संस्करण : 2010
पुनर्मुद्रण : 2016

त्रिवेणी ऑफसेट प्रिंटर्स
इलाहाबाद द्वारा मुद्रित

JANCH ABHI JARI HAI
by Mamta Kaliya

ISBN : 978-81-8031-417-9

मूल्य : ₹ 210

भूमिका की तरह

समय के साथ-साथ हमारे अंदर न जाने कितनी कहानियां भरती जाती हैं। स्मृति के इस छोटे से चिप में अनेक घटनाएँ, स्वप्न, दुस्वप्न, अनुराग-विराग और आशंकाएं ठसाठस समाई हैं। कई बार मैं सोचती हूं कि होती मैं हुसैन-मक़बूल फ़िदा-तो अपनी बेचैनियों को इतने ऊंचे बुर्ज पर लटका देती-यों। ऐसी तड़फड़ तबीयत से कोई क्या बताए कौन सी कहानी कब लिखी, क्यों लिखी, कहां लिखी। कई बार सुबह के अख़बार के साथ कोई कहानी मेरे पास चली आई, कतरन की तरह; कभी-कभी किसी जुमले के साथ रिबन की तरह खुलती गई कहानी; कभी दुखती उंगली की तरह रात भर चस-चस करती रही, तो कभी हालात बनकर हिला गई आपबीती।

जितना यह सच है उतना ही यह भी केवल भाव बोध के सहारे नहीं टिकी रहती कहानी, जब तक उसमें वृहत्तर समय-समाज का सरोकार और दृष्टि-बोध न हो।

प्रस्तुत कहानियों में से कुछ ऐसी हैं जो अपने आप मुझ तक चली आई हैं। मेरी पहली कहानी छुटकारा में कच्ची धान की बोली की गन्ध है लेकिन भावुकता नहीं। सन साठ के बाद के लेखकों की तरह मैंने भी भावुकता का बोझ उतार फेक कर ही कहानी की दुनिया में कदम रखा मैंने जब लिखना शुरू किया मैं बहुत छोटी थी। आजकल लेखिकायें प्रौढ़ अवस्था में लिखना शुरू करती हैं जब कलम-कलाई में चौकन्नापन आ जाता है। मेरे लिये लेखन, साइकिल चलाने जैसा एडवेन्चर रहा, डगमग-डगमग चली और कई बार घुटने-हथेलियां छिला कर आगे बढ़ना

शुरू किया। अपनी समस्त गलतियाँ अपने आप कीं, कोई गॉड फादर नही बनाया, न ही कोई गॉडमदर। बिल्ली की तरह किसी का रास्ता नहीं काटा और किसी को गिरा कर अपने को नहीं उठाया। हमारे समय में लिखना, जीवन में रस का अनुसंधान था, न उसमें प्रपंच था न बाज़ार। समय-समाज के सवालों से जूझने की तीव्र उत्कंठा और जीवन के प्रति विस्मय ही मेरी कहानियों का स्रोत रहा है।

मेरे लिखने का कोई निश्चित समय नहीं होता। बिना किसी नक़्शे के कहानी शुरू कर देती हूं मानो शून्य गगन में एक तारा टांक रही हूं। पहले तो फुर्सत ही नहीं मिलती, अगर मिल गई तो बजाय लिखने के टीवी के ऊटपटांग उत्पात देखने में समय नष्ट करती हूं। न लिखा जाए तो रसोई में घुस जाती हूं, रसोई में कोई काम बिगड़ जाए तो पैर पटकती हुई वापस कमरे में आ जाती हूं। कमरे की मेज़ पर मेरे काग़ज़ हरदम फैले रहते हैं। कई बार दो-चार पन्ने उड़कर ग़ायब भी हो जाते हैं। लोग जीवन में अराजक होते हैं, मैं लेखन में अराजक हूं लिखने के बाद, छप जाने पर रचना पढ़कर अफ़सोस और असंतोष होता है, अरे इसमें वह सब तो लिखा ही नहीं गया, जो सोचा था।

इस सबके बावजूद अब तक मैंने जो भी, जैसा भी लिखा, उस सब को मै। स्वीकार करती हूं। मैं अपनी हर कहानी पर यह शपथ-पत्र लगा सकती हूं कि यह मैंने बड़ी शिद्‌दत से, अपनी नसों पर महसूस करते हुए लिख़ी हर कहानी को अपने कलेजे की गर्मी से सेंका और पकाया। कितना ही यथार्थ खुद झेला, कितना औरों को झेलते हुए देखकर विकल हुई। जिस वक़्त जो लिखा उसमें अपनी पूरी ऊर्जा और ऊष्मा लगा दी। अपने समय से संवाद और विवाद करती इन रचनाओं के साथ मैं निष्कवच खड़ी हूं आपके सामने।

—ममता कालिया

अनुक्रम

सेमिनार

इस सेमिनार के लिए बुलावा पाकर उसे हैरानी हुई थी। उसने यह सोच कर जवाब नहीं दिया कि अगर निमंत्रण गलती से उसे भेज दिया गया है तो अगला पत्र नहीं ही आयेगा, जिसके द्वारा अक्सर आयोजक लिखा करते हैं 'आप अवश्य आयें, आपके बिना यह सेमिनार अधूरा रहेगा, विचारोत्तेजक बहस का वातावरण आपके आने से ही बनेगा इत्यादि।' जब यह पत्र भी आ गया तो पाखी को सोचना पड़ गया वह जाये या नहीं।

दिल्ली में इस वक्त सड़ी गर्मी पड़ रही थी। तापमान लगातार चढ़ रहा था। सेमिनार शिमला में था। शिमला शब्द पत्रोत्तर के लिफाफे पर लिखते समय एक ठंडक-सी महसूस हुई। कमरे में कूलर और पंखा दोनों इस वक्त निष्प्राण, निस्पंद खड़े थे। बिजली कटौती के अन्तर्गत दिन में चार-चार घंटे बिजली गायब रहती। ऐसे में पढ़ना-लिखना तो दूर चैन से लेटना-बैठना भी मुहाल था। पाखी के जीवन का नक्शा वैसे भी बड़ा जटिल था। उसमें आराम, सैर, चर्चा और शांति जैसी नियामतों की गुंजाइश ही नहीं थी। कई दिनों से उसने एक कहानी शुरू कर रखी थी। तीन-चार पत्रिकाओं के अनुरोध पत्र आए हुए थे कि वह कहानी भेजे। इस एक कहानी की बिना पर वह सबको लिख बैठी थी 'कहानी भेज रही हूँ।' पाखी को हरवक्त उम्मीद रहती थी कि मौसम, बिजली और घरेलू हालात कुछ काबिले-बरदाश्त हों तो वह कहानी पूरी करे। शिमला

का निमंत्रण उसे कुछ दिनों के लिए इन तीनों से निजात दिला सकता था इसलिए उसने सहमति भेज दी।

सहमति भेजने के बाद उसे हल्का-सा पछतावा महसूस हुआ। उसे लगा वह असलियत में चंट होती जा रही है। वह जानती है इस सेमिनार में न उसकी तरह लिखने वाले लोग होंगे, न उसकी तरह सोचने वाले साथी। उसे आभास था कि इस सेमिनार में ज्यादा तादाद उन लोगों की होगी जिनका सोचने का ढंग एकदम अलग या उलट होगा। फिर वह वहां क्या करने जायेगी? तत्काल एक बेहया समझौतावाद ने उससे अन्दर से अपना काला भौंड़ा सिर उठाकर कहा, 'तुमने सहमति इसलिए भेजी है क्योंकि दुश्मन को जानने के लिए उसके करीब जाना जरूरी होता है; अपने विरोधी को जाने बिना उससे लड़ोगे कैसे?' इस दलील से पाखी को थोड़ा सुकून मिला। उसे लगा वह बिना अपनी पहचान नष्ट किये इस सेमिनार में हिस्सा ले सकती है।

जिस गेस्टहाउस में पाखी और अन्य प्रतिनिधियों को ठहराया गया वह एक ऊँची पहाड़ी पर स्थित था। कमरे की तीन दीवारें काँच की थीं जिन पर भारी पर्दे लगे हुए थे। कमरा वातानुकूलित था। शीशों के पार शिवालिक पहाड़ियों का वानस्पतिक विस्तार और वैभव नजर आया। देवदारु और चीड़ के पेड़ असल होने पर भी एक नकली सौन्दर्य का वातावरण तैयार कर रहे थे। अपने शहर के सुस्त मुहल्लों के पस्त परिवेश में रहते-रहते इस तरह के हरियाले दृश्य के लिए आँखें अनभ्यस्त हो गई थीं। कुछ देर लगातार टकटकी लगाकर देखने के बाद ही आँखों को यह सब विश्वसनीय लगा।

स्नान के बाद पाखी ने सिर को चार बार झटक कर घर की चारदीवारी से बाहर निकाला। खूब मन लगाकर वह तैयार हुई और समय पर डाइनिंग हॉल में आ गई। एक नजर में यह जाहिर हो गया कि सेमिनार में बहुतायत उन नफीस अफसानानिगारों की थी जो एक लम्बे अरसे से मौजूदा कहानी को हल्के-हल्के तराश रहे थे और जिनका

अफसाना आज भी वहीं था जहाँ से शुरू हुआ था। ये सब जौहरी-सी बारीक नजर और पकड़ रखने वाले अदीब थे। इनके लिए, अपनी कलात्मकता से बाहर का समस्त साहित्य एक 'कूड़ेदान' से ज्यादा अहमियत नहीं रखता था। कुल जमा बीस प्रतिनिधि थे जो दूर-दूर से आये थे। एक-दो तो विदेश में बसे हुए कलाकार थे जो खास इस सेमिनार के लिए उड़कर यहाँ तक आये थे। इस जड़ाऊ हार में मंगलसूत्र के काले, देसी मनके जैसी पाखी अपनी बेवकूफी या चालाकीवश आकर अटक गई थी। हाँ, उसके अलावा एक कवि और एक आलोचक भी वहाँ थे जो अक्सर दोनों खेमों में नजर आते रहते थे। प्रसिद्धि के शिखर पर पहुँच ये दोनों वर्गातीत व्यक्तित्व बन गए थे। इनकी रचनाएँ पाठ्यपुस्तकों में जगह पाती थीं और इन्हें सभी की सराहना प्राप्त थी।

सेमिनार में पाखी के अलावा चार लेखिकाएँ और थीं। उनमें से दो युवा और नई थीं जो खींचतान कर लगातार अपनी उम्र से बड़ी दिखने का प्रयत्न कर रही थीं और दो अधेड़ थीं जो खींचतान कर लगातार अपनी उम्र से छोटी और युवा दिखने के लिए संघर्ष कर रही थीं। पाखी इन दोनों प्रौढ़ाओं को पहचानती थी क्योंकि ये लम्बे अरसे से उसी के विश्वविद्यालय से जुड़ी हुई थीं। राजधानी के कलाजगत की ये जान थीं। शहर में कोई उद्घाटन, विमोचन, आयोजन इनकी शिरकत के बगैर पूरा नहीं हो पाता था। बहस के दौरान अगर ये किसी बात पर असहमत होतीं तो बाघिन-सी उस वक्ता पर टूट पड़तीं। उनके बयान तर्क से परे लेकिन आक्रामक होते। उनकी भाषा बड़ी टकसाली थी, जिनसे किसी भी सेमिनार की कार्रवाई उल्लेखनीय बनती है।

एक थीं सुरेखाजी जो लम्बे अरसे से बड़ी निजी किस्म की कहानियाँ लिख रही थीं। उनकी कहानियों में अक्सर उनके निजी जीवन की झलक रहती, अपना प्रेम, अपनी निराशा और अपना संत्रास। पाठकों को उनकी कहानियों से पता चलता रहता कि अब सुरेखाजी विदेश जाने वाली हैं, अब किसी एक के प्रेम से निकल कर दूसरे के प्रेम में पड़ने वाली हैं, अब मकान बनवाने वाली हैं और अब कुत्ता पालने वाली हैं।

प्रारम्भ में सुरेखाजी गीत वगैरह लिखा करती थीं, पर बाद में कुछ विदेशी पत्र-पत्रिकाओं का उन पर ऐसा प्रभाव पड़ा कि वे यकायक आधुनिक हो गईं। उन्होंने न केवल अपने बाल कटा और रंगा लिए, उन्होंने अपने लेखन के साथ भी यही सलूक किया। उनके प्रशंसकों की एक छोटी-सी टुकड़ी थी जो उन्हें अव्वल दर्जे का कलाप्रेमी और बुद्धिजीवी मानती थी। जब कहीं उनकी रचना छपती, यह टुकड़ी प्रशंसा के पत्र लिखकर भेज देती। प्रशंसकों के इस छोटे-से दल की बदौलत सुरेखाजी अपने को चोटी का कथाकार मानती थीं।

दूसरी महिला एक प्रमुख अखबार की कला समीक्षक थी, बीना जेटली। उसका गेटअप पाखी को बड़ा दिलचस्प लगा। बीना लम्बी, छरहरी और सुन्दर महिला थी। उसकी उम्र पच्चीस से चालीस के बीच कुछ भी हो सकती थी। लिखती वह हिन्दी में थी पर बोलती अंग्रेजी थी। उसकी कहानियाँ फन्तासी और प्रतीक के बीच की धुन्ध में लिपटी रहती थीं। उसके होंठ लगातार सिगरेट पीने से जामुनी रंग के हो चुके थे लेकिन उसकी लम्बी, पतली उँगलियों पर निकोटिन का असर नहीं था। जब वह एक जगह से उठकर दूसरी जगह बैठती तो उसे अपना काफी सामान उठा कर चलना पड़ता। बीना के पास बड़ा-सा हैंडबैग था लेकिन सिगरेट की डिब्बी और माचिस वह हाथ में ही पकड़ती। दूसरे हाथ में वह अपना जिन का ग्लास थाम लेती और जहाँ बैठती, वहाँ एक और कुर्सी खिसका कर अपना सामान उस पर बिछा लेती। वह आँखें बन्द कर चर्चा सुनती और जिस समय किसी को उम्मीद न होती, आँखें खोलकर कहती, 'नाउ दैट वॉज ए पॉयन्ट।' फिर वह एकदम नपे-तुले शब्दों में शाश्वत मूल्यों पर एक वक्तव्य देती जिसका कोई भी ताल्लुक मौजूदा मसले से न होता।

सेमिनार की दो बैठकों के बाद यह भलीभाँति स्पष्ट हो गया कि रचनाकारों के दिमाग में बेतरह कुहासा है। कई लेखक अभी तक सार्त्र के प्रभाव से उबरे नहीं थे और कई पर जैनेन्द्रियन दर्शनवाद की परत चढ़ी हुई थी। कहानी की व्याख्या वे यों शुरू करते जैसे वह कोई

परीलोक की घटना है। वे कुछ विदेशी आलोचकों का हवाला देते, प्रेमचन्द की सीमाओं का उल्लेख करते, प्रसाद की विराटता बताते और समझाते कि कहानी को अखबारीपन, सपाटबयानी और राजनीतिक प्रतिबद्धता से बचाते हुए कैसे सही मानव-मूल्यों से जोड़ा जा सकता है।

शाम का एक सत्र कहानी पाठ का था। उसमें चार कहानियाँ पढ़ी जाने वाली थीं। एक कहानी बीना जेटली की थी और एक पाखी की शेष दो कहानियाँ ऐसे लेखकों की थीं जो थे तो हिन्दी के पर अंग्रेजी वालों में वे काफी नाम कमा चुके थे। हिन्दी में प्रकाशित होने से पहले उनकी कहानियाँ अंग्रेजी में चर्चित हो जाती थीं। विदेशी पत्रिकाओं में उनकी रचनाओं के अनुवाद आ जाते थे। उनके बारे में प्रसिद्ध था कि उनका एक-एक शब्द एक-एक डॉलर का होता है। नीली जीन्ज और पीला कुरता पहने चन्द्रशेखर ने गोष्ठी आरम्भ करते हुए कहा, 'मैं सुबह से उठ कर बियर पीता रहा हूँ ताकि अपनी कहानी को विश्वसनीय ढंग से आपके सामने पेश कर सकूँ।' फिर उसने कहानी सुनाई, जिसमें पात्र नहीं थे, घटना नहीं थी, एक खाली मैदान के बीचों-बीच पड़े कूड़े के बारे में विचार थे। कहानी खत्म होने पर ताली बजी।

अध्यक्ष ने कहा 'एक अच्छी कहानी में न पात्र प्रमुख होता है, न विषय, न घटना। कहानी के कहानीपन का चौखटा तोड़ने के लिए जरूरी है कि आज की कहानी अपने आचार-शास्त्र को तोड़े।'

अगली कहानी बीना को पढ़नी थी। बीना अपने पूरे सरंजाम के साथ मंच पर गई। उसने सिगरेट सुलगाई, एशट्रे पास खिसकाई और बड़े आकर्षक अन्दाज में कहानी की शुरूआत की। पाखी लगातार उसके व्यक्तित्व की ओर खिंच रही थी पर कहानी उसके बिल्कुल पल्ले नहीं पड़ रही थी। चील के पेशाब का प्रतीक लेकर एक काल्पनिक स्थिति बनाई गई थी।

कहानी खत्म होने पर सराहना का तूफान उठा और बीनाजी की कला पर काफी पुष्पवर्षा हुई। बीना उठकर अपनी कुर्सी पर आ गई

और तटस्थ भाव से सिगरेट पीती रही जैसे वह अपनी नहीं किसी और की सराहना सुन रही हो।

जब पाखी की बारी आई तो सबसे पहले उसने क्षमा मांगी, 'मैं माफी चाहती हूँ आप सबसे क्योंकि मेरी कहानी में हाड़ मांस के लोग हैं, उनका एक निश्चित परिवेश है, घटना जैसी धटिया बात भी शायद इसमें है और यह कहानी अपने आचार-शास्त्र को भी शायद नहीं तोड़ती।'

युवा आलोचक बड़ी ऐंठी हुई मुद्रा में पाखी को सुनते रहे। पाखी जानती थी वह गलत बन्दूक लेकर यहाँ चली आई है, इसलिये उसे जरा भी ताज्जुब नहीं हुआ जब उसकी कहानी पर कोई चर्चा ही नहीं हुई।

ऊँची-नीची सड़कों पर घूमना, घाटियों में उतरना, चट्टानों पर नाम खोदना और कैमरे क्लिक करना इस सेमिनार की भी समापन साँझ के हिस्से रहे। वे सब एक बड़ी टोली में निकले लेकिन कुछ दूर जाकर छोटी-छोटी टोलियों में बँट गये। बीना पाखी के साथ चलने लगी। आगे छोटा-सा बाजार था जिसमें वह सब था जो एक पहाड़ी बाजार में होता है—दो-तीन वाइन शॉप, एक फोटोग्राफर, दो गर्म कपड़ों की दुकानें। कुछ अन्य दुकानें भी थीं जैसे चाय की, किराने की, तेल और अनाज की।

चन्द्रशेखर और विवेक वाइन शॉप पर रुके तो बीना ने उनके पास जाकर कहा, 'एक क्वार्टर मेरा भी।'

'ओ के।'

तभी बीना की निगाह बराबर की दुकान पर पड़ी। वहाँ बाँस की बनी टोकरियाँ, झाड़ू, सुतली और मोटी रस्सी जैसी चीजें रखी थीं। एक झाड़ू देख कर बीना लपकीं, 'ओ हाउ ब्यूटीफुल !'

उसने झाड़ू उठाई। निश्चित ही यह कलात्मक तरीके से बुनी हुई झाड़ू थी जिसमें सारी तीलियाँ मिलकर ऊपर कंगूरे बनाती थीं। उसका आगे का हिस्सा ठिगना और घना था। झाड़ू एक बारीक धागे से बंधी

थी। बीना ने उसे खोलकर फैलाया और अपनी कमर से लगाकर बोली 'कैसी लग रही है?'

'सुभान अल्ला' विवेक ने कहा और अपना कैमरा क्लिक कर दिया। तब तक अन्य दो लेखिकाएँ भी वहाँ आ गईं। वीना ने उनको झाड़ू दिखाई। सब उसकी प्रशंसा करने लगीं। बीना ने कहा, 'मैं इसे खोलकर अपनी बैठक में लगाऊँगी, इसके पीछे काली मखमल की बैक-ग्राउन्ड दूंगी तब देखना।' सुरेखाजी ने कहा, 'मेरे बेडरूम की एक दीवार बड़ी सूनी और मनहूस है। मैं तो वहीं लगाऊँगी।'

तीसरी बुद्धिजीवी ने दिल पर हाथ रखा, 'हाय मुझे तो दो दे दो, एक से काम कैसे चलेगा।'

सबने पाखी पर बड़ा जोर डाला कि वह भी एक ले ले, पर पाखी ने इनकार कर दिया, 'मैं इतनी जल्द कहानी से झाड़ू पर नहीं आ सकती।'

'ओफ यह झाड़ू नहीं है पाखी जी, यह तो पिकासो की प्रतीक्षा में खड़ी एक कलाकृति है।' सुरेखाजी को पाखी पर बड़ा तरस आया।

'होगी, लेकिन मेरी इसमें दिलचस्पी नहीं है।' पाखी ने एक लट्ठ मार जवाब दिया।

कलेजे से झाड़ू लगाए सभी आधुनिक लेखिकाएँ अपने कमरे में पहुँच गईं।

अभी खाने में देर थी।

दो पेग जिन के बाद वीना अपने प्रिय विषय पर बोलने लगी। उसकी आवाज बहुत संवेदनशील थी और वह पहाड़ियों की तरफ मुँह किए खड़ी थी। वह बता रही थी कैसे उसके माँ-बाप ने उसे होस्टल में रख कर बड़ा किया किन्तु अपने कुत्ते टिक्सी, पिक्सी हमेशा अपने पास रखे। आज भी जब वह अपने बचपन के बारे में सोचती है तो उसके दिमाग में सिर्फ अंधेरा और खाई दिखाई देते हैं। जिस मर्द से उसे मुहब्बत थी वह एक कार दुर्घटना में मारा गया। अब जिस इलाके में वह

कमरा लेकर रहती है वहाँ एक दिन में औसतन पाँच हत्याएँ होती हैं। वह इन सारे संकटों को बेहतर पहचानने के लिए कहानी लिखती है।

पाखी यह सब सुनते हुए रोमांचित होती रही। उसका अपना जीवन बेहद फीका, सपाट और घटनाविहीन रहा था। बल्कि अपने जीवन की ऊब, एक-रसता और थकान से निजात पाने के लिए ही वह लिखती थी।

बीना की बातें मोहक थीं, हो सकता है सच भी हों पर उनका संबंध उसके लेखन से नहीं था। उसकी कहानियों में ये विकट संकट कहीं नहीं झलकते थे, बल्कि वे इतनी अमूर्त थीं कि फंतासी की श्रेणी में आती थीं।

सुरेखाजी ने तर्जनी से अपनी कनपटी दबाई, 'अतीत, उफ। किसने मुझे इस बन्द गली के छोर पर खड़ा कर दिया। उफ, उफ..' सुरेखाजी उठकर बालकनी में चली गईं।

बीना और पाखी दबे पाँव बाहर गए। उन्होंने पाया सुरेखाजी कोने की दीवार पर सिर टिकाए खड़ी हैं।

'प्लीज सुरेखाजी, गेट ओवर इट, अन्दर चलिए।' पाखी ने कहा।

'मुझे बहुत टैन्शन हो रहा है, लीव मी अलोन।' सुरेखाजी ने कहा।

बीना ने पाखी को अन्दर चलने का इशारा किया, 'आज ये जरूर कोई महान रचना लिखेंगी, दिस इज क्रिएटिव टैन्शन।'

अनिता जैन, जो अभी बिल्कुल नई, युवा कथाकार थी, यह सब एक चमत्कार की तरह देख-सुन रही थी। उसने पाखी से कहा, 'पाखी जो, आपको भी इस तरह टैन्शन होता है क्या?'

'नहीं', पाखी ने कहा, 'मैं तो एक विचार के तहत लिखती हूँ, टैन्शन मेरे लिए एक अनजान बात है।'

'जो रचना बिना टैन्शन के लिखी जाती है, अक्सर घटिया, पालतू और प्रचारात्मक हुआ करती है...' चन्द्रशेखर ने कहा।

'विचार या विचारधारा किसी भी रचना को सीमित तो जरूर करते हैं।' बीना ने कहा।

'मैं ऐसा नहीं मानतीं', पाखी बोली 'आपके पास अपनी विचारधारा ही न हुई तो आप समाज को क्या देंगे, क्या सिर्फ अपनी कुंठाएँ और बीमार दृष्टि?'

चन्द्रशेखर को शुरू से पाखी की मौजूदगी बड़ी नागवार लगी थी। उसने कहा, 'आपके लिए समाज खाद्य निगम का गोदाम है जिसे भरने के लिए भारी-भरकम विचार और लम्बी-चौड़ी विचारधाराएँ चाहिए। रचना एक निजी और तरल-सी चीज होती है।'

अनिता जैन चकित-सी यह बातचीत सुन रही थी। उसकी रचनात्मक जिन्दगी का यह पहला सेमिनार था। चन्द्रशेखर और विवेक लगातार उसे दीक्षित करने में लगे हुए थे, जबकि वह हर रचनाकार के प्रति अभी तक भक्तिभाव-सा रखती थी।

'ऐसा है तो आप अपनी रचना प्रकाशित क्यों करवाते हैं, उन्हें अपनी निजी डायरी में रहने दें।' पाखी ने कहा।

'सच, मेरा कोई आग्रह नहीं है कि मेरी रचना छपे, मैं पाठक के लिए नहीं, अपने लिए लिखता हूँ।'

'मैं भी' 'मैं भी' के कई नकलची स्वर उठे। तभी सेमिनार के सचिव वरिष्ठ आलोचक के साथ कमरे में दाखिल हुए।

'माहौल तो काफी गरम है यहाँ।' उन्होंने कहा।

'रात का वक्त है माहौल बनाए रखिए', सुरेखाजी ने कहा। उनका तनाव और डिप्रेशन सब दूर था और अब वे लगातार इठला रही थीं।

बीना ने घंटी दबाई। गैस्टहाऊस का वेटर मानसिंह आया।

'ये सोडे की बोतलें हटा दो यहाँ से और ग्लास भी।'

दरवाजे के खुलने के साथ-साथ एक चमगादड़ कमरे में घुस आया था। उसके पंखे-जैसे परों की छाया बड़ी मनहूस लगी। पहले वह कमरे की छत पर फड़फड़ाता रहा, फिर वह एक छोटे यान की तरह नीचे उतरने लगा। कमरे में उई-उई की चीत्कार और सुरेखाजी के 'आउच, हाउ ओमिनस' जैसे उद्‌गारों के बीच सचिव की आवाज आई, 'मानसिंह इसे बाहर फेंक दो।'

मानसिंह काफी ठिगना था, फिर भी वह अपना सिर ऐसे बचा-बचा कर चमगादड़ को देखता रहा जैसे वह उसे छूने ही वाला हो। आखिरकार थक कर चमगादड़ फर्श के एक कोने में उलटा पड़ गया। मानसिंह ने पास रखी झाडुओं में से एक उठा कर पूरे जोर से उस पर पटकी।

'मर गया साला' कहते हुए मानसिंह ने अखबार पर चमगादड़ को उठाया और बालकनी से बाहर फेंक दिया।

'ओ नो' 'ओ नो' करती हुई सुरेखाजी, बीना और विवेक लपके लेकिन उनकी हिम्मत उस झाड़ू को छूने की नहीं हुई, जिससे मानसिंह ने चमगादड़ मारा था। इस बार मानसिंह कमरे में दाखिल हुआ तो कई आवाजें एक साथ उस पर चिल्लाने लगीं 'ए मानसिंह, तुमने हमारा इतना सुन्दर डैकोरेशन पीस खराब कर दिया, हाउ मीन।'

मानसिंह समझा नहीं। पाखी ने इशारे से बताया कि बात झाड़ू की हो रही है।

मानसिंह निश्चिन्त होकर बोला, 'अरे वह तो झाड़ू था ! झाड़ू से पिसतुइया, चमगादड़ नहीं मारेंगे तो क्या तेंदुआ मारेंगे।' उसनें बाकी झाड़ूएँ ड्रेसिंग टेबिल के ऊपर से गिराते हुए कहा, 'झाड़ू की जगह वहाँ है मोरी पर, यहाँ क्या भगवान के माफिक सजाया है।'

'मैं आज खाना नहीं खाऊँगी।' बीना ने आहत स्वर में कहा।

'मैं भी, आय एम वेरी अपसेट।' सुरेखाजी ने कहा। वरिष्ठ आलोचक ने नवाब वाजिदअलीशाह की तरह दोनों लेखिकाओं के कन्धों पर हाथ रखते हुए तसल्ली दी, 'नाओ कम ऑन, डोन्ट बी फसी।'

पाखी ने जोर से कहा, 'मुझे बहुत भूख लगी है आज तो मैं खूब खाऊँगी।'

सभी कलावादी बेजान कदमों से डाइनिंग हॉल की तरफ बढ़े। उनके चेहरों से लग रहा था कि वे कोई गहरा तनाव झेल रहे हैं।

♦♦♦

उमस

पति का ख़याल था कि पत्नी के रूप में वह एक गोल व्यक्तित्व बनती जा रही थी। देह, दिल और दिमाग़ के कई कोण घिसते जा रहे थे। यह एक ऐसी प्रक्रिया थी जो लाख मेकअप और गेटअप के बावजूद रुकी नहीं थी। शुरू में वह और उसका पति दोनों हम उम्र, हमपेशा और हमखयाल थे, पर यकायक न जाने कब उसके ऊपर जंग और धूल जमने लगी। उसका पति एक तेज़-तर्रा आदमी था जिसे हरवक्त रफ्तार पसंद थी, प्यार, व्यापार और व्यवहार में। उनके घर आनेवालों में थोड़े-थोड़े दिनों बाद रद्दोबदल होती रहती। पिछले साल के दोस्त पिछले कैलेंडर के साथ ख़ारिज कर दिए जाते; फिर कुछ नए चेहरे आने लगते रानी को कुछ दिन अटपटा लगता, कई बार बातों में वह नए मित्र को पुराने मित्र के नाम से संबोधित कर देती, पर उसके पति से ऐसी गलती हरगिज़ न होती। वह लगातार समकालीन रहता, जबकि, वह कई दिनों तक तत्कालीन बनी रहती। नए आने वाले लोगों के नए अंदाज थे, बैठने के, सिगरेट की राख झाड़ने के, प्याले की तली में चाय की अंतिम बूंदे छोड़ने के। वे रानी से कुछ नहीं कहते, फिर भी उसे कुछ परेशानी महसूस होती । वह हर चेहरे में एक पिछली परछाईं ढूंढती। उसके जेहन में चीजों की निरंतरता थी, ज़ो बार-बार टूट जाती।

ऐसा हो जाना शायद उसके लिए एक स्वाभाविक परिणति थी। घर के अंदर के वातावरण में तारतम्यता थी, निरंतरता और दैनिकता की

मिली-जुली उपलब्धि। दोपहर में रानी गृहलक्ष्मी कार्यक्रम आकाशवाणी से सुनती और सुनते-सुनते उसे झपकी लग जाती। ज्यादातर उसकी आँख सास की डपट से खुलती, 'बाल-बच्चेवालियाँ कहीं दिन-दोपहर इस तरह पैर फैलाकर सोती हैं, अरे, थोड़ी देर सुई-सलाई लेकर बैठ, कपड़े पड़े हैं इस्त्री फेर ले। शाम का काम अभी शुरू भी नहीं किया तूने!'

वह हड़बड़ा कर उठती। उठते ही काम अपने आठ-आठ पंजों से उसे जकड़ लेता। वह एक काम पूरा करती तो दूसरा अधूरा रह जाता, दूसरे पर ध्यान देती तो तीसरा काम कहीं से उग आता। इस सारी प्रक्रिया में रात तक वह एक हाय-हाय व्यक्तित्व बन जाती। इसके विपरीत ज्यों-ज्यों रात गहराती, उसका पति और ज्यादा सचेत, सक्रिय और बातूनी बनता जाता। वह हर बात पर सुभानअल्ला किस्म की दाद चाहता और अपने अगले कार्यक्रम के नक्शे सुनाता। रानी की इच्छा होती वह एक शव की तरह निस्पंद पड़ जाए पर उसका पति विनोद अपने नाम को सार्थक करता हुआ चुहल के मूड में रहता। उसकी जड़ता से विनोद कई बार खीझता और दोनों के बीच अनबोला हो जाता। तब एक दूसरे को समझना और भी मुश्किल हो जाता। हालांकि विनोद कभी पत्नी की शिकायत नहीं करता था, फिर भी माँ को एकदम पता चल जाता कि दोनों के बीच तनाव है। वे तब तानाशाह की तरह रानी से काम करवातीं और साथ ही हर काम पर अपनी टिप्पणी लगाती जातीं, 'न करो तो हर काम बड़ा है, करो तो कुछ भी नहीं है। तेरी उमर पर मैं आधी-आधी रात तक कपड़े धोया करती थी, चक्की चलाना, भैंस की सानी-पानी करना, कंडी बनाना, सीना पिरोना—इस सब की तो गिनती ही नहीं थी। औरत जात का काम प्यारा होता है, चाम नहीं। तुझे तो हिरनी की तरह होना चाहिए, बारहसिंगे की तरह नहीं कि बस सींग अड़ाती डोले।'

रानी धीरे-धीरे, हारे हुए हाथों से काम में लगी रहती। मां उसके हाथ से पोचे की बाल्टी या सब्जी की टोकरी छीन लेतीं। गजब की फुर्ती

थी उनके काम में। वे काम निपटातीं, 'तुझे यह भी नहीं पता कि मरे-मरे हाथ चलाने से घर का दलिद्दर कभी नहीं भागता। जल्दी कर, फटाफट खाना बना डाल, मुझे सत्संग में जल्दी जाना है।'

रानी ठिठक जाती, 'मां ऐसा नहीं हो सकता कि मैं सत्संग में चली जाऊँ और तुम आज घर देख लो?'

मां बिगड़ जाती, 'तेरी ये ही बेतुकी बातें मुझे बुरी लगती हैं रानी। वहां क्या नौटंकी लगी है।'

रानी को ये सब बातें सुनाई नहीं देतीं। अपनी बात कहने के साथ ही वह जैसे अपने आप को देख लेती—उसने बाजार से दो धोतियाँ खरीदी हैं, उसने उन्हें गेरू से रंग लिया है, उसने रुद्राक्ष की माला पहन ली है, पैर में खड़ाऊँ हैं, हाथ में खड़ताल और वह किसी सुरम्य घाटी में बैठ उन्मुक्त कंठ से गा रही है। फिल्म, दूरदर्शन और अपनी कल्पना के मेलजोल से बना यह धारावाहिक दृश्य चलता रहता कि अचानक मां की तेज चेतावनी आती, 'तुझे दिखता नहीं है सामने दूध उबलकर फैल रहा है और तू लट्ठ सी खड़ी की खड़ी।'

रानी अपनी निरंतरता में से निकल नहीं पाती, 'मां कभी कोई गलती तो मुझे अपने आप कर लेने दिया करो।'

मां गुस्सा हो जातीं, 'क्यों करेगी तू गलती?' अरे जब हम बैठे हैं बताने-सिखाने वाले, तुझे फिकर क्या है। जैसे मैं कहती हूं, आँख मूंद कर चलती चल मजाल है कोई गलती हो जाए !'

रानी रसोई से हटकर कमरे में आ जाती।

कमरे में हमेशा की तरह खूब से लोग बैठे होते। वह उनमें से एक दो चेहरे ही पहचानती। वे चुप बैठे होते जबकि दूसरे नए चेहरे बड़े जोर-शोर से बहस में लगे होते। बहस ज्यादातर किसी नए प्रश्न पर होती 'साहित्य में इक्कीसवीं सदी कैसे आएगी।' पाकिस्तान के पास बम है या नहीं।'

ऐसे ही एक मौके पर रानी ने कह दिया, 'यह तो बिल्कुल ऐसा सवाल है जैसा पिछले दिनों छपी एक कहानी में था कि दादी के पास छप्पन तोले की करधन है या नहीं।'

विनोद ने गुस्से से उसकी तरफ देखा। यह उसके अंदर चले जाने का सिगनल था।

'जिन बातों को नहीं समझती उनमें बोलती क्यों हो? एक शुद्ध राजनीतिक बहस में कहानी की बात कहां से आ गई?' विनोद ने बाद में डांटा, 'इतनी बेतुकी बातें तुम्हारे दिमाग में भरी रहती हैं। कई बार मुझे हैरानी होती है, कैसे तुमने बी० ए० पास किया।'

'मुझे अफसोस है कि मैंने बी० ए० पास किया। इसकी भी जरूरत नहीं थी।'

'अच्छा ज्यादा बोलने की जरूरत नहीं है।'

'बोलेगी तो यह जरूर, चाहे बात में तुक हो या नहीं। ऐसे ही सारा दिन मेरे साथ बहस में पड़ी रहती है।' मां अपने संवाद के साथ मंच पर आ जाती, 'तेरे से तो चलो मिलने वाले आते हैं, तू मर्द है, पर यह वहाँ मर्दों के बीच बार-बार क्या करने जाती है? यह नहीं कि औरत की तरह चाय रखकर अंदर चली आए।'

'क्यों होती जा रही हो इतनी अजीब तुम!' विनोद कहता।

'मैंने कोई अनर्थ तो नहीं कर दिया, एक छोटी-सी बात थी वह।'

'पर कितनी बेतुकी, बेवक्त?'

रानी वहाँ से हट गई। कमरे में धुले हुए कपड़ों का बेतरतीब ढेर पड़ा था। कपडों के बीचों-बीच बैठ वह तह लगाने लगी। सुस्ती आने लगी तो वह उन्हीं के बीच सो गई। यकायक झंझोड़े जाने से उसकी नींद टूटी। यह उसका बेटा था, पवन।

'मां एक प्याला चाय बना दो।' पवन ने कहा।

रानी ने उनींदी आँखों से अपने बेटे की तरफ देखा। बेटा उससे एक हाथ लंबा हो रहा था। अब न वह उसके बालों में तेल लगा सकती थी,

न उसका कॉलर ठीक कर सकती थी। कद के हिसाब से वही घर में सबसे संक्षिप्त थी।

'चाय तो मुझे भी पीनी है पर बनाएगा कौन?' रानी ने कहा।

'और कौन बनाएगा, जल्दी करो, मुझे प्रेक्टिस पर जाना है।' पवन ने कहा और अपने कमरे की ओर चला गया।

रानी कुछ देर वैसे ही बैठी रही। उसने अपने आप को बेहद फंसा हुआ पाया। बिना चौके में गए चाय बननी मुमकिन नहीं थी और चौके का मतलब था चखचख। जाए, न जाए के बीच अपनी सुस्ती खोलती न खोलती अंततः जब तक रानी ने चाय बनाई, पवन बिना चाय पिए खेलने के लिए चला गया था।

'मुझसे कोई भी काम ठीक से नहीं होता।' रानी ने सोचा और दुखी हो गई। उसने भी चाय नहीं पी। वह देर तक खिड़की से पवन की राह देखती रही। बाहर आसमान था और आसमान में पतंगें। पतंग और पंक्षी अपनी बिसात भर उड़ाने भरते और अधिक से अधिक आगे जाने की कोशिश करते। रानी के पांव अनजाने उचकने लगे। उसे लगा वह डोर का अंतिम सिरा पकड़कर लटक जाए या पक्षियों की डार में पहुँच जाए। जब तक पवन घर आया, रानी बहुत परेशान हो चुकी थी।

'तू बिना चाय पिए चला गया और इतनी देर में आया है।'

'एक घंटे में तो आ गया हूँ, तुम इतनी देर लगा देती हो हर काम में।'

'अच्छा अब कहीं न जाना। मैं चाय लाती हूँ।'

तभी मां अपने कमरे से आ गई, 'रानी यह बच्चे को चाय पिलाने का वक्त है या खाना खिलाने का? सारा दिन तुझे चाय का वक्त सवार रहता है, यही बच्चों को लगा दे। इसका पेट चौपट हो जाएगा। बेटे चाय से कलेजा जल जाता है।'

पवन दादी का प्यार पाकर मचल गया, 'मैं कहां मांग रहा हूँ, मां खुद कह रही थी।'

'पर खाना तो अभी तैयार ही नहीं है।' रानी ने कहा।

'कैसे तैयार होगा? तू दो घंटे से खिड़की पर खड़ी है, काम क्या भूत-प्रेत करेंगे?'

'हुआ क्या माँ कि मैं सोचने लगी पवन के लिए इस वक्त दमआलू और पूरी बना दूंगी। खय़ाल ही खय़ाल में तो मैं बना भी चुकी थी।'

'धन्य हो बहूरानी, आज हम लोग खयाल खाएँगे या कुछ करोगी भी।'

'माँ सारी दुनिया आज जेट रफ्तार से चल रही है और तुम अभी फैजाबाद पैसेंजर ही बनी हुई हो।' पवन ने कहा।

रानी को लगा झूठ है यह बात। वह सुस्त नहीं है। जब सारे काम ही बेमजा हों, तो रानी क्या करे, कैसे अपना मन जोड़े इन टके-टके के कामों से?

विनोद ने झींककर कहा, 'इससे तो अच्छा है एक नौकर रख लें हम लोग।'

माँ बिगड़ गई, 'और यह क्या करेगी? आराम? फिर तो यह और भी बिगड़ जाएगी।'

रानी को हँसी आ गई। उसे सुधारने का बीड़ा उठा रखा है माँ ने, जबकि वे खुद आदर्श नहीं हैं। कितनी ऐसी छोटी-बड़ी बातें हैं जिनमें उन्हें बहुत कुछ सीखना है। समझते हुए भी रानी नहीं बोलती, क्योंकि सच बोलने से घर का माहौल हमेशा खराब होता है।

टी० वी० पर क्रिकेट मैच आ रहा था। जिन दिनों मैच आता, घर में और कोई काम ही न होता। हर आदमी अपना छिटपुट काम लेकर टी० वी० के सामने होता। इच्छा रानी की भी होती कि गैस उठा कर बैठक में ले जाए और वहीं खड़े होकर खाना बनाए। पर यह मुमकिन नहीं था। लिहाजा वह आते-जाते, एक सब्जी और दूसरी सब्जी के बीच टी० वी० के पास ठिठककर खड़ी हो जाती। जैसे ही पवन कहता, 'मां बैठो।' वह चल देती, 'अभी नहीं, मैं तो यों ही खड़ी हो गई थी।'

रसोई में कुकर की सीटी और खलबल कुछ देर उसे सुनाई न देती। दिमाग में गेंद फेंकता इमरान और चौका मारता गावस्कर रहता। किसी तरह जल्दी-जल्दी काम निपटाकर वह बेटे के पास बैठ जाती।

एक गेंद पर खूब ताली बजी तो रानी ने कहा, 'क्या शॉट लगाया है कपिल देव ने।'

पवन एकदम चिढ़ गया, 'वह कपिल नहीं वेंगसरकर है, माँ।'

'ऐसा कैसे हो सकता है? यह तो कपिल ही है।'

'जो बात तुम जानती नहीं, उसके बीच में बोलती क्यों हो?' विनोद ने खीझकर कहा, 'चुप नहीं रह सकतीं?'

'यह ऐन मेन कपिल है और यह कह रहा है वेंगसरकर है।'

पवन ने गुस्से में अपने बाल नोच लिए, 'माँ तुम बिल्कुल पागल हो गई हो। इतनी बेसिर-पैर की बात करने से अच्छा है तुम्हें पहले कुछ पता हो। इतना जमकर कपिलदेव कभी खेलता ही नहीं, वह तो फरमायशी शॉट लगाने में यकीन करता है। आया, धुंआधार दस-बारह रन बनाए और आउट।

'अच्छा यह बता, दोनों की शक्ल मिलती है? दोनों के दांत मिलते हैं या मूंछें या हंसी?'

'होगा, लेकिन वेंगसरकर एकदम पॉलिश्ड गेम खेलता है, उसकी जानकारी और अदाकारी टॉप की है।'

'फिर भी लगता तो यह कपिल ही है।' रानी ने कहा।

पवन ने धीरे से माँ को धकेला, 'माँ तुम जाओ यहाँ से। गेम का सारा मजा खराब कर रही हो।'

घर का माहौल खराब न हो जाए, इस डर से रानी रसोई में लौट गई। यहाँ चूल्हे पर दाल का संगीत था, बर्तनों का वाद्य था और काम का कोरस। लेकिन रानी की इच्छा वहाँ ठहरने की न हुई। बगल के कमरे में बिस्तर पर वह औंधे मुँह पड़ गई। थोड़ी देर बाद सीधी होकर

वह लेट गई बिना तकिये, बिना चादर के। लेटे-लेटे उसे लगा यह यह बिस्तर नहीं कब्र है जिसमें वह पड़ी है, निस्पंद, निश्चेष्ट। उसके आस-पास गहरा गाढ़ा अंधेरा है। कभी न खत्म होने वाली एक निरंतरता उसे मिल गई है; उसमें न तो किसी की डांट है, न फटकार, न आरोप न खंडन। यहाँ वह पूरी तरह स्वतंत्र और स्वधर्मी है। वह अपने फैसले खुद ले सकती है। अपनी गलतियाँ स्वयं कर सकती है। यह उसका साम्राज्य है। इसमें उसे कोई उठने-दौड़ने के लिए मजबूर नहीं कर सकता। बजती रहें घंटियां, फोन की, दरवाजे की, कमरे की। उसे किसी से मतलब नहीं। वह एक लंबी आरामतलबी करेगी अब।

♦♦♦

जाँच अभी जारी है

एक सम्मानित राष्ट्रीयकृत बैंक में नियुक्ति पाकर वह फूली नहीं समायी। विद्यार्थी जीवन से ही उसे बैंक की नौकरी आकृष्ट करती थी। उसे लगता शक्ति, सच्चाई और नैतिकता जैसे मूल्यों का एहसास जितना बैंक में हो सकता है, उतना अन्य किसी नौकरी में नहीं। हाथ नोटों से भरे रहें फिर भी दिमाग विचलित न हो, यह एक अग्निपरीक्षा ही होती होगी। पर कुछ दिन नौकरी पर जाकर अपर्णा ने पाया यह सब महज रूटीन का हिस्सा है। हालांकि इससे छह महीने पहले अपर्णा की नियुक्ति विश्वकर्मा डिग्री कॉलेज में हो चुकी थी, उसने इस नौकरी की खातिर लेक्चररशिप छोड़ दी। शिक्षक प्राध्यापक उसे बासी और निरीह लगते थे।

उसकी ड्यूटी मुख्य हॉल में थी। कुल वहाँ पच्चीस मेजें थीं। हाल भरा-भरा लगता। अपनी एक निश्चित जगह और अलग मेज देख अपर्णा को गर्व और सन्तोष हुआ। उसने घर जाकर माँ और पिताजी से कहा, 'जितनी बड़ी घर में चारपाई है, उतनी ही बड़ी तो मेरी मेज है वहाँ। रोज लाखों रूपये का टर्नओवर होता है, इतनी बड़ी बैंक है।'

माँ और पिताजी गौरवान्वित हुए, 'हमारी बेटी ने अपनी लियाकत के बूते यह जगह पायी है। हजारों ने इम्तहान दिया, पर पास तो बिरले ही हुए! भगवान तुझे दिन-रात तरक्की दें।'

काम में मेहनत और एकाग्रता की जरूरत थी। दोनों गुण अपर्णा में थे। दो बजे तक का समय तो पलक झपकते बीत जाता, क्योंकि यह पब्लिक डीलिंग का समय होता। उसके बाद शुरू होता असली काम। गार्ड शटर बन्द कर देता। अन्दर पैसे-पैसे का हिसाब मिलाया जाता। अपर्णा के लिए यह करिश्मे से कम नहीं था कि इतने काउंटरों पर, इतनी मेजों पर इतनी तरह से पैसों का लेन-देन हो और अन्त में हिसाब एक क्रॉसवर्ड पहेली की तरह फिट बैठ जाये। जब सारा हिसाब फिट बैठ जाता, साढ़े चार बजे तक ही सारे कर्मचारी और अधिकारी फुर्सत में आ जाते। तब चाय का दौर चलता और हॉल गपबाजी से गूंज उठता। लेकिन किसी-किसी दिन हिसाब में बल पड़ जाता, दस पैसे या दस रूपये की गड़बड़ निकलती और सारा स्टाफ रोक लिया जाता। सभी कागजात नये सिरे से जाँचे जाते। लेजर मिलाये जाते, पूरी नगदी गिनी जाती और चाहे शाम के सात बजते, हिसाब साफ होने के बाद ही स्टाफ फारिग होता।

शरू-शुरू में अपर्णा को बड़ी हँसी आती। अरे, अगर दस पैसे का हिसाब गड़बड़ है तो अपने पास से मिला दो, बस छुट्टी। कम है तो अपने पर्स से डाल दो, ज्यादा हैं तो दराज में डाल दो, भूल-चूक लेनी देनी, पर उसके सहयोगियों ने समझाया कि यह भूल-चूक वाला मुहावरा बैंकिंग के किसी काम का नहीं। यह तो बैंकिग के सिद्धान्त का शत्रु है।

बैंक के शाखा प्रबन्धक एक नाटे-मोटे चश्मेवाले मिस्टर खन्ना थे, जो सारा दिन हस्ताक्षर करते देखे जाते थे। यह राष्ट्रीयकृत बैंक शहर के हृदय में स्थित था। इसलिए यहाँ व्यापारियों, व्यवसायियों के छोटे-बड़े खातों की भरमार थी। वे सुबह दस बजे इन्तजार करते मिलते। पान चबाते हुए वे अपने स्कूटरों पर या बैंक की सीढ़ियों पर खड़े होते। कुछ व्यापारियों, फर्मों के मुनीम और एकाउंटेंट इस काम के लिए आते। लेकिन पुराने किस्म के लाला धोती-कुर्ते में स्वयं आते। उनका हुलिया देखकर यह अंदाज लगाना मुश्किल था कि वे कितनी हैसियत के

आदमी हैं, लेकिन लेजर देखने पर पता चलता, वे लाखों में चलते हैं। सुबह-सुबह अपनी घर की सिली बनियानों की चोर जेबों में नोटों का वक्षस्थल फुलाये जब वह जमा काउंटर पर खड़े होते, अपर्णा का मन होता, उनसे कहे, 'सेठ जी, थोड़ा सा पैसा खर्च कर कपड़े किसी पावर पैक्ड साबुन से धुलवा लीजिए, सारे बैंक में पसीने की गंध उड़ रही है।' पर प्रकट में वह यों ही सिर नीचा किये अपना काम करती रहती। अपर्णा को अपने सहयोगियों पर और खुद अपने पर हैरानी होती। पैसा एक अमानत की तरह उन सब के हाथों से गुजरता। अपर्णा अपनी सहेलियों को बताती, 'पता है, जिस कुली के सिर पर ईंटो की तरह चिनवाकर पाँच-पाँच लाख के नकद नोटों की गड्डियाँ स्ट्रांग रूम से ट्रेजरी भिजवाई जाती हैं, उस कुली की कुल मजदूरी क्या होती है—सिर्फ दस रूपये रोज। आप उससे पूछिए, कब से यह काम कर रहा है, तो कहेगा, सिर्फ दस साल से।'

सहेलियाँ दंग रह जातीं, 'कमाल है, दस साल में क्या एक भी बार उसकी नीयत खराब नहीं हुई। हम होते तो नोट लेकर भाग जाते।'

अपर्णा सिर हिलाती, 'तुम भी ऐसा न करते। जब सिर पर जिम्मेदारी पड़ती है तो ईश्वर अपने आप शक्ति देता है।

'तुम तो ऐसे बोल रही हो, जैसे किसी यूटोपिया में पहुँच गयी हो।'

'सच यूटोपिया ही लगता है। हर आदमी अपने काम में इतना मुस्तैद इतना चौकस है कि इस संस्था और उसकी प्रणाली पर ही गर्व होता है। यकीन न हो किसी दिन आकर देखो।'

दो-चार बार अपर्णा की सहेलियाँ उसके दफ्तर गयीं। पर अपर्णा काम से इतनी घिरी रहती कि वे लोग उठकर कॉफी पीने भी न जा सकीं। अलबत्ता मेज पर ही कॉफी मंगा कर पी ली गयी।

सहेलियों ने मुँह बनाया। 'यह तो दस से पांच तक जेल की तरह है।'

अपर्णा मुस्करा दी। उसे पता था यह वे नहीं उनकी कुंठा बोल रही थी।

ये वे दिन थे जब अपर्णा आशा और विश्वास से भरी थी। उसे जगह-जगह लिखे नारे भी अच्छे और अर्थपूर्ण लगने लगे थे। 'परिश्रम ही देश को महान बनाता है। 'अनुशासन आज की जरूरत है।' 'कड़ी मेहनत, पक्का इरादा, दूरदृष्टि।'

उसे रात में सपने भी इसी तरह के आने लगे जैसे दिन में उसके खय़ाल थे। सपने में उसे दिखता कि वह अपनी ही शाखा में एक सहयोगी की पत्नी बन चुकी है। रोज सुबह साढ़े नौ बजे वे दोनों अपना अपना लंच बाक्स थामकर इकट्ठे स्कूटर से रवाना होते हैं। दोनों का एक ज्वाइंट एकाउंट है और घर में दोनों की मर्जी से काम-काज होता है।

ये निहायत मुमकिन किस्म के सपने थे। और अगर हॉल में एक भी आदमी अविवाहित और नौजवान होता तो ये पूरे भी हो सकते थे। पर मौजूदा स्टाफ में सब लोग इस कदर विवाहित थे कि उनके बारे में सोचना भी फिजूल था।

दफ्तर में दो महिलाएं और थीं। उनकी अपर्णा से कोई प्रतिद्वंद्विता नहीं थी। मगर बहुत घनिष्टता भी नहीं थी। उन दोनों की आपस में बनती थी। कभी-कभी अपर्णा को सतर्क करना वे अपना कर्तव्य समझतीं।

मिसेज श्रीवास्तव कहतीं, 'सँभल कर रहना अपर्णा, ये शादी-शुदा मर्द बड़े खतरनाक होते हैं। पहले आतुर बनेंगे, फिर कातर, और फिर शातिर, एकदम, पन्नालाल हैं सब के सब।'

अपर्णा कहती 'मुझे तो सब बड़े सीधे नजर आते हैं। लगता ही नहीं कि मर्दों के बीच बैठे हैं।

मिसेज श्रीवास्तव एक तजुर्बेदार हँसी हँस देतीं।

अपर्णा को काम करते हुए करीब ढाई महीने हो गये। एक दिन खन्ना साहब ने एकाएक उससे पूछा, 'आज शाम क्या कर रही हैं आप?' अपर्णा सतर्क हो गयी। उसे सारी चेतावनियाँ याद हो आयीं।

'जी, मुझे माँ को लेकर डॉक्टर के पास जाना है।' उसने मुँह लटका कर कहा, 'कोई जरूरी काम है क्या?'

'मैंने सोचा, आवर्ती जमा योजना का बहुत-सा काम चेक करना है, आपकी मदद से आज निपटा लूँ।'

अपर्णा को अपनी चालाकी पर ग्लानि हुई। लेकिन अब वह झूठ बोल चुकी थी।

'आज की शाम आप क्या कर रही हैं?' यह सवाल धीरे-धीरे बैंक का हर छोटा बड़ा अधिकारी अपर्णा से पूछ चुका था। अपर्णा बुद्धू नहीं थी। माँ की बीमारी, पिता का प्रवास उसके रक्षाकवच थे। अपनी शाम साबुत सुरक्षित बचाने का उसके पास यही उपाय था। लेकिन एक शाम वह चपेट में आ ही गयी। हम उम्र सहयोगी सिन्हा ने कहा, 'अपर्णा जी, आज ऑफिस में ही दो-चार मित्रों को बुलाया है, आप भी रुकें।'

अपर्णा ने अपना कवच और कुंडल निकाला, 'देखिए मुझे माँ के साथ...'

'नहीं, अपर्णाजी, आप सिर्फ बीस मिनट मुझे दे दें। मेरे बेटे का जन्म दिन है आज।'

'आप घर पर जन्मदिन नहीं मनायेंगे?'

'मेरा बेटा अपनी मम्मी के साथ बनारस गया हुआ है। सुबह से ही उसकी बड़ी याद आ रही थी, इसलिए कुछ लोगों को यहीं बुला लिया।'

अपर्णा एक तरह से फंस गयी। उससे यह कहते नहीं बना कि वह बीस मिनट भी नहीं दे सकती।

पाँच बजे बैंक के सभी लोग चले गये। सिर्फ चौकीदार और दो चपरासी अपने-अपने स्टूल पर बैठे रह गये। थोड़ी देर में सिन्हा के मेहमान आने शुरू हो गये। दफ्तर के बाहर दो-चार स्कूटर, मोपेड और

एक मारुति खड़ी हो गयी। इनमें से किसी का भी चेहरा अपर्णा के लिए पहचाना हुआ नहीं था। इसलिए वह अपनी सीट पर ही बैठी रही। सिन्हा का कमरा अन्दर को था। जल्दी ही सिन्हा आकर उसको लिवा ले गया। सबसे सबका परिचय हुआ। केक की रस्म अदा होने के बाद अपर्णा ने देखा, चपरासी दाताराम एक बड़ी-सी प्लेट में ढेर सारी बर्फ ले आया। इसके पहले कि वह चीजों को समझे, बात की बात में न जाने किस कोने से व्हिस्की की बॉटिल लाकर मेज पर रख दी गई। बैठे लोगों के थके चेहरों पर एकाएक स्फूर्ति आ गयी। सिन्हा ने मेज की दराज से ग्लास निकाल लिये।

'एक्सक्यूज मी।' अपर्णा ने कहा और उठ गयी।

'अरे-अरे आप क्या अनर्थ करती हैं, बैठिए।' सिन्हा ने उसे रोका।

'जी नहीं, मैं जाऊंगी।' अपर्णा ने दृढ़ता से कहा और बाहर हॉल में आ गयी।

चपरासी और चौकीदार उसे कौतुक से देख रहे थे।

'छिः यह सब दफ्तर में चलता है और आप लोग रोकते भी नहीं।' अपर्णा ने कहा।

'हम रोकनेवाले कौन होते हैं, जब आप लोग नहीं रोकते।'

'क्या यहाँ अक्सर यह सब चलता है।'

'और बैंक में शाम को क्या होता है। कभी सिन्हा साहब, कभी खन्ना साहब।' राष्ट्रीयकृत बैंकों का यह इस्तेमाल अपर्णा के लिए एक धक्का था। शाम को जब कभी उसने बैंक की बिजली जली देखी, उसने यही सोचा था कि यहाँ के अधिकारी कितने मनोयोग से अपना काम पूरा करते हैं।

रिक्शा स्टैंड तक अपर्णा को खतरा महसूस होता रहा कि कहीं सिन्हा उसके पीछे न आये। जब वह सकुशल रिक्शे में बैठ गयी, उसने चैन की साँस ली।

घर में माँ या पिता को इस घटना की जानकारी देना निरर्थक दुश्चिंता बढ़ाना होता। वह चुप रही। आज उसकी अकड़ खंडित होते-होते बची थी।

साल बीतने पर वह भी एल. टी. सी. प्राप्त करने वालों में हकदार हो गयी। माँ ने कहा, 'तू छुट्टी ले ले तो हम सब जगन्नाथपुरी चलें।'

'चलो, माँ की मर्जी ही सही।' अपर्णा ने सोचा, हालांकि वह खुद कुल्लू-मनाली के सपने देख रही थी। माँ ने सारी तैयारी कर ली। उसने दफ्तर से एडवांस लिया। आरक्षण आसानी से हो गया। लेकिन यात्रा की सुबह एक अप्रत्याशित घटना हो गयी। पिताजी को अचानक घबराहट और सीने में दर्द उठा। देखते-देखते वे तीनों स्टेशन की बजाय अस्पताल पहुँच गये, जहाँ शुरू हो गया ई. सी. जी. और अन्य परीक्षणों का एक लंबा सिलसिला। अपर्णा की दस दिन की छुट्टी इस बीमारी ने निगल ली। पिताजी बच गये, लेकिन वे तीनों इस दौरे से बेहद विचलित हो गये।

इस बीच अपर्णा ने इस दफ्तर फोनकर अपने अधिकारी को इत्तला दे दी थी कि वह छुट्टी में घूमने नहीं जा सकी है। उसने सोचा, वह छुट्टी के बाद जब दफ्तर जायेगी, एडवांस वापस कर देगी।

दस दिन बाद जब वह दफ्तर गयी चपरासी ने उसे एक रजिस्टर्ड लिफाफा पकड़ाया। पत्र बैंक के क्षेत्रीय कार्यालय से आया था, जिसमें लिखा था—'आपने एल. टी. सी. का झूठा बिल पेश कर बैंक के साथ धोखाधड़ी और धन के दुरुपयोग की चेष्टा की है। इस संबंध में अपना स्पष्टीकरण तत्काल दें अन्यथा आपके विरुद्ध अनुशासनात्मक कार्रवाई करने को हम बाध्य होंगे।'

अपर्णा पत्र लेकर धड़धड़ाती हुई खन्ना के केबिन में पहुँची, 'सर मैंने तो फोन पर आपको पहले ही सूचित कर दिया था कि...'

शाखा प्रबंधक ने चश्मे में से उसे घूरकर कहा, 'मुझे आपका कोई फोन नहीं मिला। आपको जो भी कहना है, लिखित में कहें।' अपर्णा के

लिए यह आरोप न सिर्फ निराधार था, वरन बचकाना भी, खासकर तब जब कि आज वह अपने पर्स में एडवांस की रकम भी लौटाने की गर्ज से लायी थी।

खन्ना ने सिन्हा को बुलाकर सलाह की। तय यही हुआ कि ये जो नये अपरिपक्व, अनुशासनहीन अधिकारी हैं, उन्हें सबक सिखाया जाये और उनकी लीपापोती कतई मंजूर न की जाये।

सिन्हा ने कहा, 'और सर, हमारी फाइल में इनके द्वारा दिया गया बिल भी लगा हुआ है। उस पर तारीख भी उनके हाथ की ही लिखी हुई है।'

अपर्णा अभी भी डरी नहीं। उसे लगा सच्चाई उसके साथ है, उसकी नीयत में कोई खराबी नहीं है, फिर वह क्यों घबराये।

घर में माता-पिता को उसने संक्षेप में थोड़ा-सा समझाया, पर समस्या को बहुत हल्का बनाकर ताकि पिताजी के कलेजे पर बोझ न पड़े।

'तू क्यों चिंता करती है। मैं चलूंगा तेरे साथ क्षेत्रीय दफ्तर।' पिता ने कहा।

जाते वक्त पूरे रास्ते पिता उसे समझाते रहे, 'तू बिल्कुल न डर। सत्य में आज भी बड़ी शक्ति है। मेरी इतनी उम्र हो गयी, मैंने आज तक झूठ का सहारा नहीं लिया और मैं कभी घाटे में नहीं रहा।'

क्षेत्रीय कार्यालय कानपुर की एक व्यस्त स्वच्छ सड़क पर था। भव्य इमारत, भारी सुरक्षा और तामझाम से भरपूर। कार्यालय का हर अधिकारी कर्मचारी वहाँ व्यस्त नजर आ रहा था।

अपर्णा सम्बन्धित अधिकारी से मिलना चाहती थी। 'पूछताछ' से पता चला कि वे तो दौरे पर निकले हुए हैं। उनके कनिष्ठ अधिकारी जरूर हैं। इस अधिकारी की केबिन में जाने से पहले विभागीय कर्मचारियों का एक हॉल क्रॉस करना पड़ता था।

जब अपर्णा अपने पिता को साथ लेकर केबिन में जाने को उद्यत हुई, चपरासी ने रोककर कहा, 'एक-एक करके जाना, भीड़ की भीड़ क्या करेगी, अंदर।'

'भीड़ नहीं यह मेरे पिताजी हैं।' अपर्णा ने तैश में कहा,

'आर्डर नहीं, एक बार में खाली एक जन जायेगा।' पिताजी को बाहर ठहरने को कह अपर्णा अंदर गयी। कनिष्ठ अधिकारी वरिष्ठ अधिकारी की अकड़ से बैठा अपना कान फोन में और आँख फाइल में लगाये था, उसने अपर्णा के अंदर आने का कोई नोटिस नहीं लिया और बड़ी देर तक फोन पर केवल ओ आ ऐं जैसे स्वर में बोलता रहा। थककर अपर्णा सामने पड़ी कुर्सी पर बैठ गयी। फोन रखते ही उसने अपर्णा की ओर इतने रूखे सरकारी ढंग से देखा कि वह अटपटाकर खड़ी हो गयी। और न चाहते हुए भी उसने अपनी बात में 'सर' 'सर' कहना शुरू कर दिया। एक डेढ़ मिनट उस अधिकारी ने अपर्णा की बात ध्यान से सुनी, फिर निरपेक्ष भाव से कहा, 'अब आप क्या चाहती हैं?'

'मैं चाहती हूं, मेरे स्पष्टीकरण पर आप ध्यान दें और मेरी विश्वसनीयता पर संदेह न किया जाये।'

'स्पष्टीकरण की पुष्टि करना हमारा फर्ज होगा। शाखा प्रबंधक और उनके सहयोगी अधिकारी की रिपोर्ट पर आपके विरुद्ध जांच की कार्रवाई तो करनी ही पड़ेगी।

'यह सरासर अन्याय है। मैंने अभी अर्ज किया कि वह पैसे मैंने एडवांस बिल के एगेंस्ट लिये थे। छुट्टी के बाद मैं वह धनराशि तुरंत लौटाने ही आयी थी।'

'आपने अपनी यात्रा रद्द करने की कोई सूचना अपने कार्यालय को नहीं दी नंबर एक, आपके बिल पर कहीं भी एडवांस बिल जैसा शब्द नहीं लिखा हुआ है नंबर दो और आपके पास अपनी भेजी गयी सूचना का कोई लिखित सबूत नहीं है। फिर हम कैसे मानें कि आप संदेह से परे हैं।'

'आप अपने विवेक से न्याय करें, क्या आपको मैं एक बेईमान लड़की मालूम देती हूं।'

'व्यक्तिगत प्रतिक्रिया का दफ्तर के रूटीन में कोई अर्थ नहीं होता। फिर इधर हमारे यहाँ नये आये जूनियर्स में इतने अजीब तत्व घुस गये हैं कि इनकी पड़ताल होनी जरूरी है। आप जा सकती हैं।'

'पर सर...'

'आप अपना समय बरबाद कर रही हैं।' अधिकारी ने घंटी बजा दी। अपर्णा बौखलाई-सी चपरासी के पीछे-पीछे बाहर आयी। उसके पिता डीलिंग क्लर्क के सामने पड़ी कुर्सी पर बैठे हुए थे। क्लर्क के मुँह में ठूंसमठूंस पान भरा था और वह बड़े गौर से अपने चश्मे में से अपर्णा को देख रहा था। 'चलो' अपर्णा ने बिना उससे बात किये पिता से कहा। क्लर्क ने गुस्से में मुँह का पान लहूलुहान कर लिया। उसे केस का पता था। उसे लगा, गले तक मुसीबत में फँसी है लड़की पर अकड़ देखो, डीलिंग क्लर्क से बात करते हेठी होती है। दर्जनों केस उसकी मेहरबानी से इसी दफ्तर की आलमारियों में दफन हुए पड़े हैं। उसने सोचा था, लड़की आकर उससे ठीक से मुलाकात करेगी, थ्रू प्रॉपर चैनल अंदर जायेगी और आइंदा इस मनहूस बूढ़े को लाकर उसके सामने न बैठाने की समझदारी दिखायेगी तो वह मामला दबवा देगा। अभी जाँच की कार्रवाई का कागज डिस्पैच नहीं हुआ था, पर इसके तो मिजाज सातवें आसमान पर टिके हुए हैं।

उसके चले जाने के बाद उसने चपरासी (जो उसका परामर्शदाता भी था) से कहा, 'इसी तरह यह अपने पिताजी के साथ आती रहेगी तो दसियों साल इन्क्वायरी चलवाऊंगा, रो न दे तो कहना।'

चपरासी खैनी के लिए श्रीवास्तव का मोहताज रहता था। उसकी किसी बात से असहमत होना उसे कभी ठीक न लगता, उसने सिर हिलाया।

अगला पूरा हफ्ता भागदौड़ में बीता। हालांकि वह नयी थी, सहयोगी उससे हमदर्दी रखते थे। जिसने जिस मददगार का नाम बताया, वह वहीं दौड़ी, लखनऊ और कानपुर उसके लिए कटरा और ममफोर्ड गंज बन गयें। कभी किसी सूचना पर, बिना रेल आरक्षण के वह सफर पर चल देती, घिच-पिच भरे डिब्बों में बोरे पर बैठ, खड़े हो, लटक कर। अधिकतर संबंधित व्यक्ति से मुलाकात ही न होती या वह अपनी व्यस्तता बताकर दो दिन बाद का वक्त देता। अनजान शहर में कहीं भी टिकना उसे निरापद न लगता। मजबूरन वह वापस आकर दो दिन बाद फिर दौड़ लगाती।

माँ और पिता लाचार उसे देखते। उन्हें लगता, उनकी अप्पी वाकई बड़ी हो गयी है। अब उसकी मुश्किलों का हल वे नहीं निकाल सकेंगे।

जाँच बैठ चुकी थी।

फाइल मोटी होती जा रही थी, अपर्णा दुबली।

क्षेत्रीय कार्यालय के एक अधिकारी प्रीतमसिंह, यूनियन के एक प्रतिनिधि समीर सक्सेना, और एक अन्य अधिकारी जाँच समिति में शामिल थे।

उसी दफ्तर में जहाँ अपर्णा एक अधिकारी की हैसियत से जाती रही थी, अब एक अभियुक्त की तरह आती और शाखा प्रबन्धक के कमरे के बाहर पड़ी कुर्सी पर बैठी रहती, फाइल गोद में रखे और आँखें दीवार पर टिकाये। जाँच का आतंक कुछ ऐसा था कि दफ्तर के चपरासी तक ने अपर्णा को सलाम करना बन्द कर दिया। कोई इस लफड़े में पड़ना नहीं चाहता था।

जाँच के दौरान बहुधा सवाल इस तरह पूछे जाते जिनका जवाब हाँ या नहीं में अपेक्षित होता।

अपर्णा अपने को बेहद फँसा हुआ पाती। उसकी शक्ल हर समय रुआँसी रहने लगी थी।

बड़ी मुश्किल से उसे यह पता चला कि समीर सक्सेना कहाँ रुके हुए हैं। उसने सोचा, वह विशेष रूप से उनसे मिलकर अपनी बात समझाने की कोशिश करेगी।

उनसे मिलना आसान नहीं था। अक्सर होटल में उनके कमरे में ताला ही पड़ा रहता। जब वे लौटते तो उनके मुलाकाती एक छोटे-मोटे जुलूस की शक्ल में उनका स्वागत करते। वे देर तक लाउंज में लोगों की समस्याओं का समाधान निकालते और उनके प्रार्थनापत्र प्राप्त करते। इतनी भीड़ के बीच अपर्णा अपना मामला खोलना नहीं चाहती थी। इससे सिर्फ तमाशा बन सकता था, लेकिन भीड़ से निपटते ही समीर सक्सेना कमरे में दाखिल हो जाते और वेटर उनके दरवाजे पर 'डू नाट डिस्टर्ब' की तख्ती लटका देता।

वेटर की काफी मिन्नत, खुशामद और बख्शीशबाजी के बाद एक दिन अपर्णा को सक्सेना जी से मुलाकात का मौका मिला।

उन्होंने काफी गौर से उसकी बात सुनी। अब तक अपर्णा हर एक महत्वपूर्ण व्यक्ति को 'सर' कहने की आदी हो चली थी। उन्होंने टोका, 'आप तो स्वयं अधिकारी हैं, नयी हैं तो क्या। आपको किसी को 'सर' नहीं कहना चाहिए।'

अपर्णा को सक्सेनाजी की बातों से राहत मिली। पहली बार उसे किसी ने इन्सान की हैसियत से सम्बोधित किया था।

'मैं देखूँगा, वैसे केस उलझ गया है, क्योंकि उनके पास सबूत है। आपके पास सबूत नहीं है।

'क्या नेकनीयती अपने आप में सबूत नहीं होती?' अपर्णा ने पूछा।

'दफ्तरी मामलों में सबसे जरूरी चीज होती है लिखित सबूत। फिर भी मैं कोशिश करूँगा। यह खन्ना कैसा आदमी है?'

'महाधूर्त!' अपर्णा ने कहा। सक्सेनाजी के अधपके बालों की ओर देखकर अपर्णा ने संकोच से कहा, 'आपको बताते हुए मुझे संकोच होता

है, लेकिन दफ्तर में खन्ना साहब और सिन्हा साहब दोनों का व्यवहार महिला कर्मचारियों से उचित नहीं है।

'इस सिलसिले में हमारे पास कभी कोई शिकायत नहीं आयी है।'

'पर मुझे तो मालूम है, एक नयी प्रोबेशनर को रोज अपनी मेज की दराज में कागज पर लिखे अश्लील शेर मिला करते थे, उसने मुझे खुद दिखाये थे, वह लिखावट हूबहू खन्ना साहब की थी। मेरे प्रति भी उनका सख्त रवैया तभी शुरू हुआ, जब मैंने शाम पाँच बजे के बाद दफ्तर में रुकने से इंकार किया।'

'लेकिन यह एक आम शिकायत है कि जब-जब महिला वर्करों की योग्यता पर सवाल उठाये जाते हैं, वे पुरुषों के चरित्र की बात बीच में ले आती हैं।'

'ऐसा नहीं है सर, यह बहुत हद तक ठीक भी होता है।'

'इस वक्त इस पचड़े को उठाने से आपको इस मामले में कुछ वक्त और मिल जायेगा पर इससे क्या हासिल होगा। क्या आपकी सहेली इस बात की पुष्टि करेगी कि उसे खन्ना साहब तंग करते रहे।'

'मैं पूछूंगी, वैसे मैं अब तक काफी तनाव और परेशानी से गुजर चुकी हूँ। मैं भी नहीं चाहती कि मेरा केस अनिश्चित काल तक घिसटता रहे।'

'आप पता कर मुझे बताइए, क्या किसी और महिला को दफ्तर में खन्ना साहब से शिकायत है।'

अगले दिन अपर्णा ने फरीदा जमाल से बात की। फरीदा उससे जूनियर थी और जब उसे लगातार चार दिन अपनी दराज में गंदे शेर लिखे रखे मिले, उसने अपना दुखड़ा अपर्णा को सुनाया था।

शिकायत का प्रस्ताव सुन वह एकदम बिदक गयी। वह इस वाकये को पब्लिकली नहीं कहना चाहती थी। फिर अब तो ये शेर-ओ-शायरी भी बंद हो चुकी थी।

'ना बाबा, मैं इस लफड़े में नहीं पड़ना चाहती। कितनी फजीहत होगी। मेरे अब्बा तो मुझे जान से मार डालेंगे।'

'पर ऐसी बातों का पर्दाफाश होना चाहिए कि नहीं ! यह साहब आने वाली और लड़कियों को भी इसी तरह परेशान करेगा।'

'करेगा तो वे खुद निपटेंगी। मैं मोर्चा नहीं बनाना चाहती। केस आपके झूठे बिल का है। उसका इन सारी बातों से क्या रिश्ता?'

फरीदा के तेवर बदलते देख अपर्णा चुप हो गयी।

सक्सेनाजी से उसका मिलना तय था।

सब कुछ सुनकर वे बोले, 'मैंने आपसे पहले ही कहा था, व्यर्थ के नये प्रसंग उठाने से कोई लाभ नहीं होगा, सिर्फ थोड़ा वक्त मिल जायेगा। आज तो मैं वापस लौट रहा हूँ, अगली बार आऊँगा तो हम आपकी डिफेंस की रूपरेखा बना लेंगे। आपकी फाइल भी मैं अच्छी तरह देखूँगा।' अपर्णा ने सोचा कि वह दस मिनट में फ्री हो जायेगी, पर सक्सेना साहब ने डेढ़ घंटा लगा दिया।

प्रीतम सिंह घनी दाढ़ी और भारी देह वाले सहृदय से दिखने वाले अधिकारी थे। उनके बारे में किसी को ज्यादा जानकारी नहीं थी। वह तो एक दिन उनका एक फोन आने से अपर्णा को यह जानकारी मिली कि वे गेस्ट हाउस में रुके हैं। वह वहाँ गयी।

'जब सब बातें दफ्तर में हम सुन रहे हैं, यहाँ आने में कोई सेन्स नहीं है मिस जोशी।' सिंह साहब ने उसे दरवाजे पर खड़ा देखकर कहा।

'नहीं सर, आपको मेरी बात सुननी पड़ेगी।' अपर्णा ने पूरा प्रकरण उन्हें सुनाया।

सिंह साहब ध्यान से सुनते रहे, फिर बोले-'लेकिन इस बात का सेंस क्या निकलता है !'

'यही कि यह आरोप बेबुनियाद है। मेरी बात पर यकीन किया जाये।'

'टेलीफोन पर दी गयी सूचना को हम कैसे आधार बना सकते हैं?'

'जाँच तो आपके विवेक पर हो रही है।'

'तुम अपनी फाइल लायी हो।' सिंह साहब के यकायक तुम सम्बोधन से अपर्णा उत्साहित हो गयी। उसे लगा जैसे अँधेरे में कोई चिराग जला हो।

'जी सर।'

सिंह साहब फाइल पलटने लगे।

इस वक्त शाम ढल चुकी थी। अपर्णा सुबह से घर से निकली थी। उसके पैरों में दिन भर की थकान थी। भूख और प्यास से मुँह एकदम सूख रहा था, लेकिन वह एक बार फिर जबरन अपनी आवाज में जान भर कर सिंह साहब को एक-एक कागज समझा रही थी। उसे लग रहा था कि उसकी डूबती नाव को सिंह साहब बचा लेंगे।

'चाय पियोगी।' सिंह साहब ने पूछा। अपर्णा को और भी अच्छा लगा।

अचानक सारी फीलिंग्स और फाइल पर दाढ़ी के ढेर से सफेद बाल छितरा गये। अपर्णा ने दहशत में खुले दरवाजे की ओर देखा, जिसे अब तक वह बहुत बड़ी सुरक्षा मान रही थी। दरवाजे पर मोटा पर्दा था जिसे सिंह साहब बहुत बड़ी सुरक्षा मान चुके थे।

फाइल इतनी पेचीदा थी कि एक बार नहीं कई-कई बार देखी गयी, कभी सिंह साहब देखते, कभी सक्सेना साहब। जाँच की सुनवाई खिंचती चली जा रही थी। अपर्णा फाइल ढोते-ढोते बेजान हो चली थी। सारा शरीर सफेद पड़ता जा रहा था। रक्तहीन चेहरे पर न पहले का नूर था, न नरमी। वह एक ऐसे कुचक्र में पड़ गयी थी कि फाइल दिखाने से न तो वह मना कर सकती थी, न विद्रोह। कई बार उसने सोचा, वह सीधे वित्तमंत्री को पत्र लिखे, पर वह जानती थी कि पत्र का नतीजा

यही होगा कि एक जाँच और बैठा दी जायेगी। उसकी फाइल और भी पेचीदा होती जायेगी और दर्जनों अधिकारियों के हाथों से गुजरेगी।

इस बिन्दु पर नौकरी छोड़ने का मतलब होता, वह सारे आरोप स्वीकार करते हुए त्याग पत्र दे रही है। ऐसी स्थिति में अन्य कोई नौकरी मिलनी भी मुश्किल थी। अब तक शहर में जाँच की खबर फैल चुकी थी। जहाँ कोई परिचित सामने पड़ जाता, उसे अजब नजरों से देखता। उनकी निगाहों से लगता, अपर्णा बेहद मक्कार और बेईमान इन्सान है और वे खुद एकदम सच्चे साफ और पवित्र हैं। सहेलियों ने शुरू में कुछ दिन हमदर्दी दिखाई, फिर वे भी इस प्रसंग से ऊबने लगीं। अपर्णा हर स्तर पर अकेली होती गयी।

जिन दिनों जाँच की कार्रवाई स्थगित रहती, अपर्णा के मन में बेहद आक्रोश स्थगित इकट्ठा होता रहता। वह सोचती, उसे खन्ना के केबिन में घुस कर एक दिन उसे ताबड़-तोड़ मारना है, सिन्हा के स्कूटर के सामने उसे पत्थर रख देना है। एक दिन कुर्सी पर खड़े होकर वह चीख चीख कर सबको बतायेगी कि इस राष्ट्रीयकृत बैंक में कैसे घपले और सौदेबाजी होती है। झूठे बिलों के जरिए हर आदमी हजारों रूपये डकारता है, चाहे वे मेडिकल बिल हों या यात्रा बिल या स्टेशनरी बिल। इस सब की कोई शिकायत नहीं होती। इस सब पर जाँच नहीं बैठायी जाती। जाँच उसके अठारह सौ के बिल पर बैठायी गयी है। जिस पर अब तक अटठाईस हजार रूपये खर्च हो चुके होंगे। उसे पता है, इस बैंक में छोटा-बड़ा कोई कर्ज बिना कमीशन के मंजूर नहीं होता। ऊपर से नीचे तक सब का परसेंटेंज बँधा है।

सब कुछ समझते हुए भी अपर्णा अपनी आवाज न उठा पाती। उसे पता था, दफ्तर में वह अपनी विश्वसनीयता खो चुकी है।

खोया तो उसने और भी बहुत कुछ। अब उसे लगता, जिस कारण से उसने खन्ना और सिन्हा से अदावत मोल ली, अब तो वह उस कारण भी हिफाजत नहीं कर सकी।

जाँच अधिकारी उसे लगातार ढाँढ़स बँधाते, 'तुम बिल्कुल बेफिक्र रहो। इस मामले को निपटाकर हम तुम्हारा तबादला और पोस्टिंग ऐसी ब्रांच में करवा देंगे, जहाँ किसी को इस मामले की खबर ही न होगी। तुम नये सिरे से जीवन शुरू कर सकोगी।'

क्या कभी वह नये सिरे से जीवन शुरू कर सकेगी, अपर्णा सोचती और उसकी उदासी गहरी होती जाती।

हालांकि उसकी फाइल अब तक अच्छी तरह देखी भाली जा चुकी थी, फाइल देखने का दबाव अभी भी उतना ही था। उसके शनिवार, रविवार सब इस जाँच की बलि चढ़ चुके थे। अब उसे इसका कुछ-कुछ अन्दाज था कि इसका नतीजा क्या होगा। उसके निर्दोष साबित होने के पूरे आसार थे, पर इस संभावना के बावजूद अपर्णा के चेहरे की मनहूसियत घट नहीं, बढ़ रही थी। उसे लग रहा था कि असली सजा तो वह पा चुकी है। दुनिया की नज़रों में गुनहगार की हैसियत से जी लेना उसके लिए एक भयंकर अनुभव रहा था, जिसे जाँच अधिकारियों के दिलासे भी कम नहीं कर सके थे। उसे लगता था, इस जाँच की आँच कभी ठंडी नहीं होगी। इसी तरह शुक्रवारों को फोन आते रहेंगे, शनिवार और इतवार उसकी फाइल निगलते रहेंगे। वह इसमें से निकलने की कोशिश में और भी उलझती जायेगी।

बहरहाल, जाँच अभी जारी है।

♦♦♦

रजत जयंती

दोस्तों ने जब एक के बाद एक फोन खड़काने शुरू किये तो महसूस हुआ, हाँ सच आज हमारी शादी की रजत-जयन्ती है। बीत गये पच्चीस साल, तीन सौ महीने, नौ हजार एक सौ पच्चीस दिन। इस बीच कितने परिचय बने, और टूटे, बिगड़े और सुधरे, कितनी दोस्तियाँ शुरू और खत्म हुईं, कितने रिश्ते गरमाये और ठंडे पड़े। लेकिन हमारी शादी सबसे बहादुर साबित हुई।

शशि ने कहा, 'तुम कुछ न करना गीता, कमरे की सजावट मैं करूँगी। मैंने ढेर-सी झंडिया बनवाई हैं और कन्फैटी भी।'

'यह क्या तुम्हारी पाठशाला की रजत-जयन्ती है?' मैंने पूछा।

'तुम चुप रहो, आज का दिन हमारा है।'

सुरैया, प्रकाश और प्रतिमा ने कहा, वे खाना अपने घर से बना कर लाएँगी।

'तुम्हें रसोई में बिल्कुल नहीं जाना है, समझीं।'

मन आकंठ भर आया। ये दोस्त ही तो हैं जिन्होंने इस बदरंग शहर में ऐसे-ऐसे रंग भरे हैं कि हम यहाँ मेहमान की हैसियत से आये थे और मेजबान बन बैठे।

एन० के० ने कहा, 'कहो तो हेयर ड्रेसर को घर भेज दूँ।'

'ना बाबा!' मैं डर गई। मैं उन स्त्रियों में से हूँ जो मन ही मन चाहते हुए भी आज तक हेयर ड्रेसर के पास जाने की हिम्मत नहीं जुटा पाई।

सजे-सँवरे बाल और चेहरे मुझे बेहद पसन्द हैं पर अपने बारे में सोचते ही मुझे लगता है कि हेयर ड्रेसर जैसे ही बालों में क्लिप लगाएगी और कैंची उठायेगी, कोई भयंकर दुर्घटना मेरे साथ घटित हो जायेगी। शादी के दिन भी मैं कनॉट प्लेस में साहिब सिंह के यहाँ ताक-झाँक करके लौट आयी। हेयर ड्रेसर ने कहा कि बालों की सज्जा महज चौबीस घंटे टिकेगी। उन चौबीस घंटों के बाद के अनेक चौबीस घंटों की कल्पना कर मैं थर्रा गयी। औरों के लिए तो दूर, खुद मेरे लिए ऐसे धक्के बर्दाश्त के बाहर होते हैं।

एन० के० की बात और है। उसका आधा जीवन हेयर ड्रेसर के यहाँ और आधा दर्जी के यहाँ आते-जाते बीता है। उसके पति अक्सर 'ग्रूमिंग पार्लर' के बाहर एक के बाद एक कोल्ड ड्रिंक पीते पाये जाते हैं। उनका एक तिहाई वेतन पत्नी की साज-सज्जा पर खर्च होता है।

दोस्तों ने तय किया वे अपने-अपने दफ्तर से सीधे हमारे यहाँ पहुँचेंगे, उनकी बीवियाँ दोपहर में ही आ जाएंगी ताकि पार्टी का इन्तजाम कर लें। मुझे तो यह भी नहीं खबर थी कि किस-किसको पार्टी में बुलाया जा रहा है। विवाहित दोस्तों के ग्रुप में हम सीनियर होते जा रहे थे। ऐसा इसलिए भी था क्योंकि हमारी दोस्ती हमेशा नौजवान लोगों से हो जाती थी। वरद को अपनी उम्र के लोगों से खास लगाव नहीं था। हमारी उम्र के लोग अब, थकान, निराशा, खीझ और आशंका के दौर से गुजरने वाले लोग थे। वे अपने बच्चों से बेहाल, अपनी तनखा से तंगहाल और सेहत से परेशान लोग थे। जबकि हमें देखकर हमारी सही उम्र का अंदाज लगाना मुश्किल था। पच्चीस वर्षों में एक भी बच्चा पैदा न कर हमने परिवार नियोजन कार्यक्रम के सभी कीर्तिमान तोड़ दिये थे। सुरैया, प्रकाश और एन० के० जैसे युवा दोस्त अचानक ही हमसे टकरा गये थे।

पाँच लोगों के आ जाने से कमरा एकदम भरा-भरा लगने लगा। एक कुर्सी तो पाँचों के पाँच पर्सों ने घेर ली।

'बाकी छह कहाँ बैठेंगे?'

'क्या पहली बार आ रहे हैं?' प्रकाश ने कहा, 'जैसे हमेशा बैठते हैं, बैठ लेंगे।'

जब कभी हमारे सारे दोस्त इकट्ठे आते हम सब एक-एक कुर्सी पर दो-दो ठसकर बैठते। या फिर कुर्सियों को पीछे खिसका कर नंगी जमीन पर आसन जमा लेते।

शशि ने पूरे कमरे में झंडियाँ लगा दीं और पंखे के ऊपर पन्नी की कतरनें। सुरैया ने खाने के डोंगे फ्रिज में रख दिए।

मैंने कहा, 'आओ, आज अच्छी पत्नियों की तरह अपने-अपने पतियों का चरित्र-चित्रण किया जाये।'

एन० के० ने मुँह बिचका कर कहा, 'चरित्र? यह किस बला का नाम है। मेरे पति के पास तो चरित्र जैसी कोई प्रॉब्लम ही नहीं है।'

सुरैया हँसी, 'हाँ उसे तो जहाँ तुम बैठा दो बैठ जाता है, जहाँ खड़ा कर दो, खड़ा हो जाता है। मेरे मियाँ को देखा है। उनके साथ तुम्हें रहना पड़ जाये तो होश उड़ जायें। घर बाहर कहीं के काम से मतलब नहीं।'

मैंने उसे तसल्ली दी, 'ऐसा तो सिर्फ क्रिकेट के मौसम में करता है नदीम। बाकी वक्त तो बड़ा कहना मानता है तुम्हारा।'

'खाक मानते हैं, मैं पूरब चलूं तो वह पश्चिम भागते हैं।'

'मैं लाख सोचूँ कि जसविंदर के बारे में अच्छी-अच्छी कहूँ पर हकीकत यह है कि उसकी कई आदतें मुझे एकदम नागवार हैं।' प्रकाश ने मेज पर से झंडियों के कागज बटोरते हुए कहा।

'मसलन?' सुरैया ने पूछा।

'अब देखो, सुबह सवा नौ बजे तक वह सोता रहता है। इसके बाद पूरा अखबार लेट्रीन में बैठकर पढ़ता है। नहा कर तैयार होते-होते तक उसे आफिस के लिए देर हो जाती है। फिर कहता है, तुमने मुझे देर कर दी।'

'तो तुम उसकी इस बात को उसकी आदत समझ कर कबूल क्यों नहीं कर लेतीं।'

'अपनी गलती के लिए जब वह मुझे ब्लेम करता है तो मैं एकदम भड़क जाती हूँ।'

'यह तो कोई गलती भी नहीं है। 'सुरैया ने बड़े अफसोस से कहा, 'जिन दिनों मैच चल रहा होता है मैंने मुँह खोला नहीं कि नदीम कहेगा—'तुम्हारी वजह से हिंदुस्तान हार गया।'

'ये सब तो बड़ी प्यारी बातें हैं। हो सकता है इन्हीं अदाओं की वजह से तुमने उन्हें पसन्द किया हो।'

'ना बाबा, मुझे तो झक्की लोगों से सख्त चिढ़ है। मैं चाहती थी बिल्कुल कायदे का आदमी। यह नहीं कि कभी क्रिकेट सिर पर चढ़ी हुई है तो कभी टेनिस।'

'तो तुम्हें इन्सान ने नहीं घड़ी से शादी कर लेनी चाहिए थी। बड़े बोर होते हैं कायदे के आदमी, नदीम तो हर वक्त हँसता-हँसाता रहता है।'

'मुश्किल यह है कि हरेक को दूसरे का मियाँ सीधा और अपना टेढ़ा नजर आता है।' मैंने कहा।

'गीता, अच्छा तुम्हीं बताओ तुम्हें वरद की कौन-कौन सी आदतें अच्छी लगती हैं, कौन-कौन सी बुरी?

'मैं क्या बताऊँ, आज के दिन न मैं झूठ बोलती अच्छी लगूँगी न सच।'

प्रतिमा ने रसोई से गिलास लाकर साइडटेबिल पर लगा दिये थे। वह दीवान की चादर बदलना चाहती थी लेकिन कपड़े धुलकर धोबी से आये ही नहीं थे।

सुरैया ने उसे टोका, 'अब तुम अपनी नखरेबाजी से कमरे का कैरेक्टर नष्ट न करो। यह झाड़ा-झूड़ी बन्द करो। एक यह ही तो अड्डा है हम सब के बैठने का।'

'हाँ-हाँ छोड़ो, यह सब। चुपचाप बैठो।' सबने कहा।

ज्यादा देर बैठ नहीं पाये हम। एक-एक कर दोस्त आने लगे। एन० के० का साथी बी० पी० पच्चीस गुलाबों का एक गुलदस्ता लाया। नदीम ने अपनी जेब से निकालकर चॉकलेट मुझे दी जिस पर भारी छीना-झपटी हुई। आखिरकार सबने चॉकलेट का एक - एक टुकड़ा हासिल कर लिया। कमरे के अन्दर आते ही वरद ने खिडकी खोली। एक साथ सभी चिल्लाने लगे, 'खिड़की बन्द करो, ठंड आ रही है।'

'उफ, कितनी काटू हवा है।'

वरद ने हँसते हुए खिड़की उढ़क दी, 'मैं सिर्फ यह देखना चाहता था कि सिर्फ ठंड अन्दर आई या सुगन्ध भी। लगता है सिर्फ ठंड अन्दर आ गयी थी।'

खिड़की के नीचे गेदें के फूलों की बेतरतीब कतार उगी थी। शाम को जब फूल सो जाते, तब भी उनकी एक भीनी महक आती रहती।

'मैंने पूछा, 'चाय लाऊँ?'

'नहीं, सूरज डूब गया है।'

'तुम्हारे इन्तजार में हममें से किसी ने चाय नहीं पी अभी।'

'आगे से ऐसी गलती न करना। वैसे सजा देना चाहती हो तो पिला दो।' वरद ने अपने ब्रीफकेस में से एक तिकोनी भरी बोतल निकालते हुए कहा।

शशि ने चुपके-से पंखे का स्विच दबा दिया। पन्नी की कतरनें हम सब पर गिरीं। नदीम ने गुस्से से सुरैया से कहा 'पंखा बंद करो।'

'मैंने नहीं चलाया।'

शशि ने पंखा बन्द कर दिया। फिर भी कुछ देर सब हू-हू करते रहे।

ये दिसम्बर के बीच के दिन थे। दोपहर में कई बार खुलकर धूप निकलती। पर लोग आपस में मिलते थे तो सिर्फ कोहरे वाले दिन और पाले वाली रातों का जिक्र करते। दिसम्बर में और भी बहुत कुछ था।

कितने ही फूल अपने सुन्दरतम रूप में खिले हुए थे। फलों पर बहार थी। सब्जियों का असली रंग शीशी में बन्द नकली रंगों से ज्यादा चटख था पर लोग थे कि सिर्फ दिसम्बर की ठिठुरन को याद करते।

प्रतिमा ने औंधे पड़े गिलास सीधे कर दिये। रजत जयन्ती के लिए शुभकामनाएँ मिली।

जसविंदर ने कहा, 'आपके यहाँ आकर बड़ा दिलासा मिलता है नहीं तो बाकी जितने अपने यार-दोस्त हैं सबके यहाँ बस तलाक-तलाक!'

'किसके यहाँ तलाक-तलाक रहता है?' प्रकाश ने चिढ़कर उसे देखा।

नदीम बोला, 'जैसे फिल्मों का आजकल मनाने लगे हैं पचासवाँ दिन, सौवाँ दिन, अपन तो उसी तरह अपनी शादी को सौवाँ दिन मना लेंगे, पता नहीं रजत जयन्ती की नौबत आये या नहीं।'

सुरैया तमक गयी, 'यह धमकी किसे देते रहते हो, रिश्तों पर जितनी मेहनत मैं करती हूँ उतनी ही तुम्हें भी करनी चाहिए।'

'करता हूँ डार्लिंग, मैं बहुत मेहनत करता हूँ, तुम नाराज क्यों हो जाती हो।'

सब लोग हँस पड़े।

'बी० पी० ने कहा, 'वरद, यह बताइये इतने साल साथ रहने के बाद कैसा लगता है?'

'अच्छा लगता है।' वरद ने कहा।

'ऊब नहीं होती?'

'बिल्कुल नहीं।' वरद मुस्कराया, 'पर उसका श्रेय इस लड़ाकी के स्वभाव को भी जाता है।'

'मैं लड़ती हूँ?' मैंने उग्र होकर पूछा।

'नहीं, मैं लड़ता हूँ, तुम भिड़ती हो।'

'बड़े अच्छे कॉम्पलीमेंट दे रहे हो आज के दिन।'

'दोस्तों की महफिल में मैं जो भी कहूँगा सच कहूँगा, सच के सिवा और कुछ न कहूँगा।'

'जिस दिन मैं सच बोलने पर आऊँगी, तुम्हारे आगे झूठ के सिवा कोई चारा न होगा।'

प्रतिमा और प्रकाश को खाना लगाने की जल्दी हो गयी। विस्की बहुत जल्द खत्म हो गयी थी और अब किसी भी क्षण महफिल उखड़ सकती थी। अधूरे नशे में सबको लग रहा था कि उन पर जुल्म हो रहा है।

मुझे सुरैया ने उठने नहीं दिया।

जब खाना गरम करके लगाया जाने लगा तो इस बात का पता चला कि फुल्के तो कोई लाया ही नहीं।

'तुमने नहीं बनाये?' वरद ने हैरानी से पूछा।

'मुझे इन लोगों ने मना कर दिया था।'

'फिर भी तुम कुछ कर लेतीं। ये सब तो अभी बच्चियाँ हैं।'

मुझे गुस्सा आने लगा। इतनी बड़ी-बड़ी हैं सब। शादी देर में होने से कोई बच्ची थोड़ी हो जाएँगी। मेरी शादी जल्दी हो गयी उसी की सजा है यह कि हर बात में सबसे ज्यादा जिम्मेदारी की उम्मीद मुझसे की जाती है।

मैं उठी, 'हटो, मैं बनाकर लाती हूँ फुल्के। आज मेरी रोटियाँ बेलने की भी रजत जयंती है।'

'यह मुझे सुना रही हो?' वरद ने कहा।

'नहीं, यह स्वगत कथन है।' मैंने कहा।

'चलो मैं मदद करती हूँ साथ में।' प्रतिमा बोली।

'नहीं, मैं अकेले करूँगी, तुम बैठो।'

'डार्लिंग यह हमारी शादी की सालगिरह है। तुम इसे शहीद-दिवस में क्यों बदल रही हो। ठीक है। रोटियाँ नहीं बनी हैं, हम सब मिल कर बना लेंगे। नहीं खाएँगे रोटी, डबलरोटी खा लेंगे।'

'तुम इस प्रसंग पर बोलकर इसे शहीद-दिवस बना रहे हो। मैंने तो पहले ही कहा था, खाना मैं बनाऊँगी।'

वरद ने दोस्तों की तरफ देखा, 'बस, यह आदत इसकी बुरी है, बात बात में बुरा मानना। आज इसके बुरा मानने की भी रजत जयन्ती है।'

'जब देखो तब शिकायत करते रहते हो, आज तुम्हारी शिकायतों की भी रजत जयन्ती है।'

पार्टी उखड़ने लगी थी।

इस नोंक-झोंक को खत्म करने की गरज से मैं रसोई में आ गयी। प्रतिमा ने आटा गूँध लिया था। ताजे गुँधे आटे की रोटी का स्वरूप सुन्दर नहीं आ रहा था। हम दो के खड़े होने की जगह भी नहीं थी चूल्हे के पास। मैंने कहा, 'प्रतिमा तुम जाओ, मैं दस मिनट में आयी।'

प्रतिमा गयी नहीं, वहीं खड़ी काम में रुकावट डालती रही।

जब तक फुल्के बनाकर कमरे में लाये गये, सब्जियाँ सब ठंडी हो गयीं।

वरद ने कहा, 'महिलाएँ शान्त रहें। सब्जियाँ हम गरम करेंगे।' उसके पीछे-पीछे नदीम भी डोंगे उठाकर चल दिया। एक ही मिनट के अन्दर वे लोग वापस आ गये।

शशि ने कहा, 'इतनी जल्दी। आप तो बहुत स्मार्टली काम करते हैं। आप ही को रोज काम करना चाहिए।'

जैसे ही ट्रे मेज पर रखी गयी, मैं उबल पड़ी, 'ये डोंगे काले कैसे हो गये?'

'गरम किया था खाना।'

'तुम्हें कितनी बार बताया है, डोंगे चूल्हे पर चढ़ाने से काले पड़ जाते हैं, किसी भारी बर्तन में डालकर गर्म नहीं कर सकते थे सब्जी।'

‘आगे से ध्यान रखूँगा बीबीजी।’ वरद ने मुँह बना कर उत्तर दिया। सब हँस पड़े।

मेरा मन कसैला हो गया। मेरे सारे बर्तन खराब हो गये। सच, यह आदमी कभी घर को घर नहीं समझता। अपने घर को दूसरे का घर समझकर इस्तेमाल करता है। तभी न शादी के पच्चीस साल बाद भी हमारी न कोई जमापूँजी है न व्यवस्था। जो कुछ भी मैं मर-मर कर इकट्ठा करती हूँ उसे यह नष्ट करता चलता है।

बी० पी० ने अपने झोले से कैमरा निकाला, ‘अब एक फोटो हो जाये, रैडी !’ मेरा मूड बिल्कुल नहीं था फोटो-वोटो खिंचाने का। मैं दीवान के आखिरी छोर पर बैठ गयी। सब एक साथ सटकर बैठ गये। वरद के पास मेरे लिए जगह छोड़ दी।

‘गीता जल्दी आओ, नहीं तो खाना फिर ठंडा हो जायेगा।’ वरद ने कहा।

तेज नजर से मैंने उसे देखा। मन ही मन कहा, ‘अब जाने क्या जलाने का इरादा है इसका।’

बड़े बेमन से मैं उठी और वरद के पास बैठ गयी। बी० पी० ने कहा, ‘रैडी, से चीज!’

अब मुझे उन लोगों से सख्त नफरत है जो फोटो लेते समय कहते हैं ‘से चीज !’ क्या हमारा निजी मूड कोई चीज ही नहीं जो हम चीज-चीज का स्वांग धरें। पहली बात फोटो लेने की बात कहाँ से आ गयी। दरअसल, बी० पी० और एन० के० का सोचने का ढंग बेहद पिटा-पिटाया है। किसी के यहाँ कोई जश्न हो, ये सबसे पहले अपना कैमरा लेकर पहुँच जाते हैं।

‘डार्लिंग अपना मूड सम्भालो। देखो ये सब कितने चाव में हैं थोड़ा हँसो-हँसाओ।’ वरद ने मुझसे कहा।

‘मुझे हँसी नहीं आ रही तो कहाँ से हँसू?’

वरद ने कैमरे की तरफ हाथ फैला दिया, 'नो फोटोग्राफ प्लीज ! हमारी बेगम को हँसी नहीं आ रही। वो हँसना भूल गयी हैं।'

मुझे गुस्सा आने लगा, 'तुम क्यों मेरे पीछे पड़े हो, क्या फोटो खिंचाते समय हँसना इतना जरूरी होता है।'

'हँसना हर वक्त जरूरी होता है।' सुरैया ने हँसकर कहा।

'मैं इस वक्त कुछ तोड़ना चाहती हूँ, तश्तरी या ग्लास।'

'क्रॉकरी बहुत महंगी है आजकल, लीजिए हमारा दिल तोड़िए!' वरद ने अपने दिल पर हाथ रखकर कहा।

'तुम्हारे साथ मुश्किल यह है कि तुम अपने को बहुत स्मार्ट समझते हो।' मैंने कहा।

'काश तुम भी उतनी ही होतीं।'

'अब पछताने से क्या होता है।'

वरद ने एक लम्बी साँस खींचने का अभिनय किया, 'हाँ अब पछताने से क्या होता है।'

शशि ताली बजाने लगी, 'यह तो मेरे अगले नाटक के संवाद बोले जा रहे हैं। सच्ची वरद, स्मार्ट लोगों की लड़ाई भी बड़ी स्मार्ट होती है।'

'मुझे तो सख्त नफरत है ऐसी नुमाइश से।' मैंने कहा।

अब तक बी० पी० अपना कैमरा समेट चुका था। सामने आकर बोला, 'गीता जी आपको अपने-आपको थोड़ा बदलना चाहिए, आप वरद के साथ बहुत सख्ती करती हैं।

एन० के० ने सुर में सुर मिलाया, 'सच वरद तो इतने सीधे हैं, इनसे किसी का झगड़ा हो ही नहीं सकता।'

'जरूरी नहीं कि तुम्हारे और मेरे अनुभव एक हों।' मैंने कहा। मुझे यह बिल्कुल बर्दाश्त नहीं कि दूसरे वरद पर कमेंट करें, भले ही वह कमेंट अच्छा हो। मुझसे ज्यादा उसे कौन जानता होगा।

खाना खाकर सबका मूड कुछ सुधरा, मेरा भी। सिर पर से व्हिस्की का धुँधलापन कुछ छँटा। इस बार निर्विघ्न फोटो खिंच गयी। जूठे बर्तन सबने मिलकर रसोई में पहुँचा दिये। कमरा वापस अपनी पहली सूरत में आ गया।

नदीम और सुरैया ने हमें पास-पास दीवान पर बैठा दिया, 'हाँ, अब आप लोग यों बैठिये, गुड्डे-गुड्डी की तरह और जाते जाते हम लोगों को कोई पते की बात बताइये, जिससे हमारी शादी की भी रजत जयन्ती की नौबत आये।'

'हाँ, वरद गीता, आज तो अपना सीक्रेट बता ही डालो। तुम हमारे इकलौते सिलवर जुबली जोड़े हो।'

'मैं क्या कहूँ, गीता ही बता सकती है।' वरद ने पूरी जिम्मेदारी मेरे ऊपर डाली।

मैंने वरद की तरफ कनखियों से देखते हुए कहा, 'अगर पहला बरस सही सलामत बीत जाये तो फिर रजत जयन्ती, स्वर्ण जयन्ती, हीरक जयन्ती मनाने में बहुत मेहनत नहीं लगती।'

'यानी शादी का पहला बरस प्रोबेशन पीरियड होता है। मियाँ का या बीबी का?' नदीम ने पूछा।

'रिश्ते का।' मैंने कहा।

जसविंदर बोला, 'पर जहाँ आठ साल पुराना रिश्ता हो जान-पहचान का वहाँ शादी के पहले साल की क्या अहमियत होगी?' जसविंदर और प्रकाश की शादी परिचय के आठ साल बाद हुई थी क्योंकि प्रकाश के माँ-बाप को जसविंदर सिंह कबूल नहीं था। अन्ततः प्रकाश ने माँ-बाप की मर्जी के खिलाफ जसविंदर से गुरुद्वारे में शादी की जिसमें हम सब शरीक हुए थे।

'होती है।' वरद ने कहा, 'शादी के पहले और शादी के बाद की लड़की में जमीन और आसमान का अन्तर होता है। मैं तो कहूँगा, शादी किये बगैर किसी लड़की को पहचानना नामुमकिन है।'

'लड़के की असलियत भी शादी के बाद ही पता लगती है।' मैंने जल-भुनकर कहा।

'तुम तो ऐसे कह रही हो जैसे शादी के बाद उसकी कलई खुलती है।'

दोस्त लोग बड़े ताज्जुब से हमें देख रहे थे। वे उठ खड़े हुए।

वरद ने सुस्त स्वर में कहा, 'दरअसल इसका कोई फार्मूला नही है, इसी तरह लड़ते-झगड़ते पच्चीस साल बीत गये हैं।'

विदा लेते समय किसी ने भी नहीं दोहराया 'हैप्पी एनिवर्सरी!'

♦♦♦

इक्कीसवीं सदी

महालेखाकार भवन के अंदर का माहौल भले ही ऊब, रुखाई और एकरसता का मारा हुआ हो, उसके बाहर का माहौल एक छोटे-मोटे मेले से कम दिलचस्प नहीं था। पहले तो वहाँ दफ्तर के बाहर सिर्फ पेन, बॉलपेन, बेचनेवालों ने मेज लगाकर अपनी दुकान लगायी थी, फिर न जाने कहाँ से चाय-समोसे की गुमटी और पान के ठेले भी लग गये, आस-पास कछार के कुछ मल्लाह शाम के वक्त वहाँ सब्जी, ककड़ी, अमरूद लेकर बैठ जाते, धीरे-धीरे कुछ कपड़े वालों को भी यहाँ बिक्री की गुंजाइश नजर आने लगी, उन्होंने तौलिए, तहमद से शुरू कर अब बुशर्ट टीशर्ट और धोती भी बेचना शुरू कर दिया था। शाम पाँच बजे साइकिलों का एक समुद्र दफ्तर से निकलता, इनमें से कई बाबू घर जाते समय सब्जी खरीद लेते, कुछ बाबू खरीदारी न कर, बस खड़े-खड़े दो घड़ी कपड़े वगैरह पर नजर डाल लेते और मन ही मन, हाथ खलास होते ही खरीदने का इरादा करते। इन्हीं बाबुओं में एक थे भोला बाबू, पिछले पच्चीस साल से इस दफ्तर में कार्यरत। वे दस से पाँच तक अपनी सीट से चिपके अपने हिस्से का काम करते, हर दो घंटे बाद पान खाते और बीच-बीच में थक जाते तो उनके मुँह से निकलता-'जय भगवान।' दफ्तर से लौटते समय वे सब्जी खरीद लेते, ज्यादातर सिर्फ एक लौकी और उसे कैरियर के पीछे फँसा लेते।

निश्चित ही इन सब बाबुओं के अलग-अलग घर थे और अलग-अलग अपने-अपने परिवार, फिर भी कई बातें उनमें समान थीं, जैसे सबके

चेहरे लगभग एक से थे, उन पर भावों के उतार-चढ़ाव को पकड़ पाना जैसे नामुमकिन था। अगर ताजे भरती नौजवान क्लर्कों को छोड़ दिया जाये तो बाकी सबके कपड़ों की पसंद भी तकरीबन एक थी, लेकिन यह कहना मुश्किल था कि क्या उनके बीबी-बच्चे भी तकरीबन एक से थे, क्योंकि भले ही उनकी पत्नियाँ एक सी रही हों, उनके बच्चे एक दूसरे से नितांत अलग थे। किसी के बच्चे पढ़ने में फिसड्डी थे तो किसी के तेज, किसी का लाड़ला बिगड़ा हुआ था तो किसी का आज्ञाकारी। भोला बाबू के सिर्फ दो बच्चे थे, पुनीत और रेखा। जब सब तरफ इक्कीसवीं सदी में प्रवेश का शोर मचा हुआ था, पुनीत इक्कीसवें वर्ष की दहलीज पर खड़ा अपने एम० कॉम० इम्तिहान की तारीख का इंतजार कर रहा था। वह एक होनहार छात्र था, पढ़ाई में तेज। कई जगह से उसे ऑफर थे कि एम० कॉम० की परीक्षा पास कर वह वहाँ काम पर लग सकता है। भोला बाबू अपने बेटे को लेकर बड़े आशावान थे।

रेखा बी० ए० से आगे पढ़ना नहीं चाहती थी, उसकी पसंद का ध्यान रखकर भोला बाबू ने उसका विवाह एक अच्छे से नौजवान से, अपनी हैसियत के अनुसार धूमधाम से कर दिया।

भौतिक धरातल पर न सही, भावात्मक धरातल पर भोला बाबू अपने को बहुत सुखी समृद्ध पाते। जब भी उनके विभाग में इक्कीसवीं सदी को लेकर बहस छिड़ती, वे दिल खोलकर उसका समर्थन करते।

ओझा बाबू कहते, 'इक्कीसवीं सदी का मतलब समझते हो भोला बाबू? इसका मतलब होता है, रिटायरमेंट। बैठे रहना, दिन भर मूढ़े पर। श्रीवास्तव बाबू बोलते, 'हमारे लिए तो इक्कीसवीं सदी लायेगी गठिया और दमा। अभी से तकलीफ शुरू हो गयी है।'

भोला बाबू कहते, 'इन सब चीजों का सम्बन्ध इक्कीसवीं सदी से नहीं है, यह तो हमारी-आपकी उम्र है, उन्नीसवीं सदी में भी ऐसे ही तंग करती, जैसे अब करेगी।'

ओझा बाबू मुँह बनाते, 'मेरी समझ में नहीं आता यह इक्कीसवीं सदी का हंगामा क्यों मचाया जा रहा है, मेरे साहब जब देखो तब यही कहते हैं, 'जल्दी कीजिए, क्या इसी रफ्तार से इक्कीसवीं सदी में जायेंगे आप लोग!'

भोला बाबू आश्वस्त करते, 'जो कुछ भी हो, मेरा खयाल है इक्कीसवीं सदी में चीजें आज से तो बेहतर होंगी, देख लेना।'

'किस सेंस में?' ओझा बाबू पूछते।

'इसमें कि सबको बढ़िया इलाज मिलेगा, जिंदा रहने के बढ़िया अवसर मिलेंगे, जल्दी ओर सही इंसाफ मिलेगा।' भोला बाबू कहते।

'देखेंगे', उनके साथी कहते, 'आप तो इक्कीसवीं सदी को सतयुग समझ रहे हैं।'

अप्रैल में परीक्षा होनी निश्चित थी इसलिए पुनीत पूरे मार्च पढ़ता रहा, रात-दिन। तभी घोषणा हुई कि परीक्षा स्थगित की जा रही है, पुनीत जैसे सभी अध्ययनशील छात्रों को तकलीफ हुई, फिर वे अगली तारीख के इंतजार में अखबार टटोलते रहे, यूनिवर्सिटी का नोटिस बोर्ड पढ़ते रहे, पर परीक्षा होकर नहीं दी। छात्रों के बीच बेहिसाब अफवाहें थीं, ऐसे में वे छात्र जो बिना पढ़े, सिर्फ नेतागिरी के बल पर मशहूर होना चाहते थे, सक्रिय हो गये, उन्होंने छात्र यूनियन के चुनाव रखवा दिये। अब जबकि पूरा सत्र खत्म था, यूनियन क्या काम करती, किसी को पता नहीं था, फिर भी चुनाव रखे गये। चुनाव के तत्काल बाद यूनियनों के पदाधिकारियों ने प्रस्ताव रखा कि मौजूदा कुलपति बिल्कुल निकम्मा है, जब तक कुलपति नहीं बदला जायेगा, परीक्षाएँ नहीं होने दी जायेंगी। बाकायदा आंदोलन छिड़ गया, कुलपति का घेराव हुआ, उसके दफ्तर में ताला ठोंका गया, यूनिवर्सिटी प्रांगण में उसका पुतला जलाया गया और उसे हटाने के लिए क्रमिक अनशन चला। यकायक बिना किसी घोषणा के, यह आंदोलन ठंडा पड़ गया। तब तक जुलाई का महीना आ गया था। परीक्षाएँ सितम्बर में हुईं, नवम्बर तक परीक्षा के परिणाम की

प्रतीक्षा रही। तभी अखबार में घोषित किया गया कि इस वर्ष की परीक्षा निरस्त की जाती है, स्थगन, निरस्तीकरण और पुनर्परीक्षा के कुचक्र में फँसे-फँसे पुनीत को एक नहीं, ढाई साल एम० कॉम० फाइनल पास करने में लग गये। उन सब कंपनियों ने मुँह फेर लिया जो उसे नौकरी देने को आतुर थीं, खुद उसकी निराशा इतनी अधिक थी कि वह और संघर्ष न करके एक प्राइवेट कॉलेज में क्लर्क की हैसियत से काम करने लगा। भोला बाबू खुद क्लर्क थे पर उन्होंने कभी क्लर्की को पुश्तैनी बनाने की कामना नहीं की थी। अब और ज्यादा संघर्ष करने की कूब्बत उनमें नहीं बची थी। जैसा विकट समय था, उसमें पुनीत को सपने देखने का जोखिम वे नहीं देना चाहते थे। उन्होंने यह सोचकर चुप लगा ली कि हो सकता है, इक्कीसवीं सदी के आते-आते पुनीत का प्रमोशन हो जाये।

ससुराल के स्तर पर रेखा को कोई कष्ट नहीं था, चारों तरफ फैली मूल्यहीनता के बीच भी उसके परिवार में कुछ मूलभूत मूल्य सुरक्षित रखे हुए थे, परिवार के कदीमी जेवरों की तरह। यह बात सबके अन्दर कूट-कूटकर भरी हुई थी कि सारी समस्याओं के बीच भी रिश्तों को यथायोग्य आदर और स्नेह मिलता रहना चाहिए। एक आदर्श औसत परिवार था वह जो संयुक्त होते हुए भी हर सदस्य की आजादी की कद्र करता था। इसी के तहत कई बार रेखा और उसका पति विनोद छुट्टी के दिन घूमने निकल जाते। मन होता तो कहीं बैठकर चाय पी लेते या सिर्फ चक्कर लगाकर लौट आते।

उस दिन भी वे ऐसे ही निकले। बूँदा बांदी के बाद शाम का आकाश एकदम निरभ्र था। रेखा ने चाहा कि बच्चे को भी साथ ले लें पर विनोद नहीं माना। बारिश फिर शुरू होने पर बच्चा भीग सकता था।

उसकी आशंका सही निकली। जब वे महात्मा गांधी मार्ग पर पहुँचे एकाएक फिर बारिश शुरू हो गयी। झमाझम। जहाँ सड़क मुड़ती थी,

वहाँ लाल ईंटों से बना एक गिरजाधर था। बचाव के लिए पेड़ों के अलावा कोई ठिकाना नहीं था।

कुछ देर वे लोग एक पेड़ के नीचे ठहरे, पर बारिश और तेज हो गयी तो पेड़ की शरण भी निरर्थक लगने लगी। चौराहे से जरा हटकर होटल हाईवे था जिसका नाम तो उन लोगों ने सुन रखा था पर उसमें कभी गये नहीं थे। इसमें अंदर की इमारत में ठहरने के लिए कमरे थे और बाहरी हिस्से में रेस्तराँ। दूर से देखने पर होटल मँहगा मालूम दे रहा था।

रेखा झिझकी, 'छोड़ो, वहाँ क्या जाना, भीग तो चुके ही हैं।'

विनोद ने कहा, यहाँ तो एकदम झड़ी लग गयी है। इतने असभ्य नहीं हो सकते होटलवाले कि अपनी पोर्च में खड़ा भी न होने दें। न होगा तो एक-एक प्याला चाय पी लेंगे वहाँ।'

रेस्तराँ में उतनी भीड़ नहीं थी जितनी कि उन्होंने सोची थी। बैठकर विनोद ने सबसे पहले मैनू देखी। चाय तीन रूपये प्रति व्यक्ति थी। यानी वे आसानी से पी सकते थे। विनोद ने आर्डर दिया।

रेस्तराँ में हल्का संगीत चल रहा था। फिर भी वहाँ निस्तब्धता लग रही थी।

रेखा ने कहा, 'जाने कैसी जगह है, मिट्टी की मूरतों की तरह लोग बैठे हैं यहाँ। कुछ ईजी नहीं लग रहा है, है न।'

'बाहर और भी ज्यादा अनईजी लगेगा।' विनोद ने कहा।

तभी उनकी मेज का बैरा हाथ में दो बड़े तौलिये लेकर आ गया।

'साहब टायलेट में जाकर सिर-विर पोंछ लें एकदम भीग गये हैं। मेम साब आप भी।'

वे लोग इस अप्रत्याशित सद्भाव से अभिभूत हो गये। विनोद तौलिया लेकर टॉयलेट की तरफ चला गया।

रेखा ने संकोच से कहा, 'रहने दो, अपने आप सूख जायेगा।'

'बैरा बोला, 'नहीं मेमसाब, बदन चाहे कितना भी भीगे, सिर कभी गीला नहीं रहना चाहिए। एकदम बीमार पड़ जाते हैं।'

इस बार रेखा ने बैरे की तरफ देखा। वह एक बूढ़ा होता हुआ आदमी था। रेखा ने कुछ हिचक के साथ तौलिया ले लिया।

चाय सिप करते हुए विनोद को समय बहुत भारी मालूम दिया। रेखा अभी तक टॉयलेट से निकली नहीं थी, गर्म चाय के प्रलोभन में उसने अपना प्याला पहले ही बना लिया था।

'कितनी देर हुई उन्हें गये हुए?' पूछते हुए विनोद ने बेयरे की तरफ देखा।

'क्या पता साब, हम तो अभी-अभी ड्यूटी पर आये हैं।'

अब विनोद ने ध्यान दिया। वाकई इस बीच बेयरा बदल गया था।

विनोद से और इंतजार नहीं हुआ। वह काउंटर पर गया, 'देखिए, मेरी पत्नी थोड़ी देर पहले टॉयलेट गयी थी, अभी तक वह बाहर नहीं निकली। कहीं वह अंदर फेंट-वेंट तो नहीं हो गयी, मुझे फिक्र हो रही है।'

काउंटर का आदमी भी इस बीच बदल गया था। उसने कंधे उचका दिये, 'हमारे पास बाहर से दरवाजा खोलने का कोई साधन नहीं है। आप इंतजार कीजिए। लेडीज को टॉयलेट में देर लगती ही है।'

विनोद का धैर्य समाप्त हो गया। उसने जाकर जोर से टॉयलेट का दरवाजा भड़भड़ाया।

'रेखा....रेखा।'

काउंटर का आदमी उसकी तरफ आया, 'देखिए, आप सारे रेस्तराँ को डिस्टर्ब कर रहे हैं। हम आपसे सभ्य व्यवहार की उम्मीद करते हैं।'

'मेरी पत्नी कहाँ है, यह बताना आपका फर्ज है।'

'एक बात पूछूं मिस्टर आपका अपनी पत्नी से कोई झगड़ा तो नहीं था?'

'बिल्कुल नहीं। आप बात को टाल नहीं सकते। बताइए, मेरी पत्नी कहाँ गयी? यह आपके होटल की जिम्मेदारी है।'

'यह तो आपकी निजी समस्या लगती है। इसमें होटल की जिम्मेदारी कहाँ आती है?'

विनोद ने एक बार फिर टॉयलेट का दरवाजा भड़भड़ाया। रेस्तराँ में बैठे कुछ लोगों ने चिढ़ से उसकी तरफ देखा।

क्लर्क ने त्योरियाँ चढ़ाकर उसकी तरफ देखा, 'आप फिर शोर मचाने लगे!'

'बकवास बंद कीजिए।' विनोद चिल्लाया, 'आप दरवाजा खुलवाइए, नहीं तो मैं तोड़ डालूंगा।'

दो-चार लोग उठकर खड़े हो गये थे। जरा से प्रारंभिक आश्चर्य के बाद वे तटस्थ हो गये। उनमें से एक ने कहा, 'सब खैर हो भई। आजकल की लड़कियों को गुस्सा तो बात-बात में आता है। आप दोनों में कोई कहा-सुनी तो नहीं हो गयी थी?'

'बिल्कुल नहीं।' विनोद की आवाज रुआँसी हो गयी, उसने कहा, 'हम लोग घूमने निकले थे। बारिश के कारण यहाँ आकर फँस गये।'

तब तक खिड़की की राह कूदकर एक वेटर ने टॉयलेट का दरवाजा खोल दिया।

विनोद ने लपककर अंदर देखा। अंदर कोई नहीं था। बदहवासी में विनोद चिल्लाने लगा, 'आप लोगों ने मेरी बीबी को गायब किया है। यह होटल नहीं गुंडों का अड्डा है, पाप की सराय है। मैं आपके खिलाफ पुलिस में रिपोर्ट लिखाऊँगा। मैं आपको छोड़ने वाला नहीं हूँ। यह धोखा है, सरासर धोखा है!' लड़खड़ाता हुआ वह बाहर की ओर भागा। रेस्तराँ के अन्दर लोगों ने चैन की साँस ली। क्लर्क ने काउंटर पर फड़कती हुई गजलों का एक कैसेट लगा दिया। किसी भी आदमी के मन में इस

दुर्घटना को लेकर सवाल नहीं उठे। सबके अंदर एक ऐसा चंट यथार्थवाद पनप चुका था जिसके तहत वे दूसरों में दिलचस्पी लेना वक्त की बरबादी समझते थे। अपनी शान में खलल उन्हें गवारा नहीं था।

बारिश कुछ देर रुककर फिर शुरू हो गयी। अँधेरे में सड़क का सन्नाटा मनहूस लग रहा था। रास्ते में कोई सवारी थी न सवार। सर से पाँव तक भीगता-भागता विनोद महात्मा गांधी मार्ग के थाने पर जब पहुँचा, उसकी साँस फूल रही थी। पाजामे के पांयचे कीचड़ के छीटों से रंगे हुए थे और बालों से बहकर पानी उसके चश्मे और चेहरे को भिगो रहा था।

आहाता पार करने पर एक बरामदा था जिसमें तीन कमरों पर तख्तियाँ लगी थीं। जहाँ लिखा था थानाध्यक्ष, वह कमरा खाली था। थानाध्यक्ष सीट पर नहीं था। कार्यालय वाले कक्ष में एक लंबा सा तख्त था जिस पर तीन मध्यकालीन डैस्क लगे हुए थे। तीसरे कक्ष में पुलिस यूनिफॉर्म में एक अधेड़ आदमी को बैठे देख विनोद की जान में जान आयी। विनोद ने जल्दी से कुर्ते के किनारे से अपना चश्मा साफ किया और कहा, 'देखिए मैं...'

वह आदमी शायद सो रहा था। विनोद की आवाज से वह चौंककर जागा। उसने गहरी चिड़चिड़ाहट से विनोद को देखा, 'क्या काम है? बाहर से बात कीजिए।'

विनोद कमरे के बाहर दरवाजे पर खड़ा हो गया। उसने फिर वाक्य शुरू किया, 'देखिए, मेरा नाम है विनोद चौधरी, यहाँ के एक...'

'अजीब हैं साहब आप भी। वगैर इजाजत अपना किस्सा सुना रहे हैं।'

वह आदमी एक दारोगा की अकड़ से उठा और बरामदे के बायीं तरफ उसने गुहार लगायी, 'रामसिंह।'

रामसिंह पानी का लोटा लेकर आया। दरोगा ने नाक और गला साफ कर आँखों पर पानी के छींटे डाले और मुँह पोंछा। फिर उसने कड़ककर रामसिंह से कहा, 'चाय ला।'

अब कमरे में आकर उसने विनोद की तरफ ध्यान दिया।

'अंदर आइये।'

उसने घूरकर विनोद को देखा, 'डकैती का केस है?'

'जी नहीं, अपहरण का।'

'कितने साल की लड़की थी?'

'जी मेरी बीबी। हम लोग शाम को घूमने निकले थे। बारिश होने की वजह से एक होटल पर रुक गये।'

'कौन होटल?'

'होटल हाइवे।'

'अजब अहमक हैं आप आपकी बीबी को कोई भगा ले गया, आप के रहते।'

'जी नहीं वह बाथरूम गयी थी। वहाँ से ही गायब हो गयी।'

'क्या उमर है?'

'चौबीस-पच्चीस साल।'

दारोगा ने पैनी नजर से विनोद की दुबली-पतली काया का जायजा लिया, 'आप लोगों का आपस में कोई झगड़ा था, कोई कहा-सुनी?'

'जी नहीं, बिल्कुल नहीं।'

'देखिए मिस्टर। मेरी आँख में धूल झोंकने की कोशिश मत कीजिए। साफ-साफ बताइए, आपके संबंध ठीक थे?'

'हमारे संबंध बहुत अच्छे थे। हममें कभी लड़ाई नहीं हुई, दारोगा साहब आप ये सब बेमतलब की बातों में समय गँवा रहे हैं, मेरी बीबी...'

'आपको यह बेमतलब की बात लग रही है। आप जैसे बीसियों आदमी देखे हैं मैंने। अपनी बीबी सँभालकर नहीं रख सकते आप?'

विनोद तिलमिला गया। यह आदमी तहकीकात के बहाने उसे बेइज्जत कर रहा था।

'आप रिपोर्ट दर्ज कीजिए।' विनोद ने कहा।

'ठहरिए, जब तक मैं केस समझ न लूँ रिपोर्ट नहीं लिखी जाएगी आपकी तनखा कितनी है, बीबी से पैसे की किचकिच तो नहीं रहती थी?'

'जी नहीं। मैं एक इन्टर कॉलेज में पढ़ाता हूँ। सही बात मैं आप को बता चुका हूँ। मेरी बीबी को होटल हाइवे से भगाया गया है।'

'लड़की का केस इतना सिंपल नहीं होता जितना आप बना रहे हैं।' ठीक-ठीक बताइए वह अपनी मर्जी से गयी है या जबरिया। रिपोर्ट लिखाने पर आप खुद भी फँस सकते हैं।'

'मुझे डर नहीं है। मैं सही बात बता रहा हूँ, आप रिपोर्ट लिखिए।'

'लिखने वाला मुंशी तो अभी है नहीं थोड़ी देर बाद आइये।' कहकर दारोगा एक रजिस्टर में उलझ गया।

बाहर आकर विनोद ने एक पब्लिक फोन बूथ से अपने और रेखा के घर के पड़ोस में फोन किये। पड़ोसियों से उसने गिड़गिड़ाकर कहा कि वे उसके परिवार में इत्तला कर दें। वह इतना रुआंसा हो रहा कि अपनी बात ढंग से समझा भी नहीं पा रहा था।

बूथ से बाहर निकलकर वह अपने परिवार के लोगों का इंतजार करने लगा। सामने की दीवार पर बड़े-बड़े अक्षरों में प्रधानमंत्री का नया बीस सूत्रीय कार्यक्रम लिखा हुआ था जिसमें अनेक वायदे के साथ-साथ महिलाओं की सुरक्षा व समान अधिकार का आश्वासन भी था।

विनोद से ज्यादा इंतजार नहीं हुआ। वह वापस थाने पहुँचा। उसे देखते ही दारोगा ने डपटा, 'फिर आ गये। आपको बताया न, मुंशी जी अभी नहीं आए हैं।'

विनोद हतबुद्धि-सा खड़ा रहा।

कुछ देर बाद शायद दारोगा को तरस आ गया। उसने कागज की एक लम्बी कतरन उसे पकड़ाकर कहा, 'इस पर सही-सही जानकारी लिखकर छोड़ जाओ। कल थाने आकर रिपोर्ट की नकल ले लेना।'

विनोद अभी लिख ही रहा था कि उसके माता-पिता घबराये हुए वहाँ पहुँचे। उन्हें देखते ही दारोगा फिर भड़क गया, 'तो यह दहेज का मामला है। दहेज के राक्षस झूठी रपट लिखाने के लिए ऐसी ही भाग-दौड़ किया करते हैं। चले जाइए यहाँ से! पुलिस आपके घर पहुँचकर तहकीकात करेगी।'

पिता भी क्रुद्ध हो गया, 'तमीज से बात कीजिए। एक तो हम इतनी परेशानी में हैं, ऊपर से आप हमें तंग कर रहे हैं। शरीफ आदमियों से आपका यह सलूक है और बदमाशों को आप शह देते हैं !'

दारोगा और तैश में आ गया, 'मैं भी देखता हूँ, आप कैसे झूठी रपट लिखाते हैं।'

तभी भोलाबाबू और उनकी पत्नी भी थाने पहुँच गये। उन्होंने स्पष्ट शब्दों में कहा, 'दारोगा जी, यह दहेज का मामला नहीं है। मैं लड़की का पिता हूँ मुझे इन लोगों से कभी कोई शिकायत नहीं हुई। आप जल्दी छानबीन नहीं करेंगे तो मेरी लड़की बरबाद हो जायेगी।'

बड़ी लंबी पूछताछ और बहस के बाद रिपोर्ट लिखी गयी। छह सिपाहियों के साथ दारोगा रात के दस बजे होटल हाइवे पहुँचा।

होटल मैनेजर ने सारी बात इस तरह से सुनी जैसे उसे इस वाकये का पहली बार पता लग रहा हो। फिर उसने त्योरी डालकर कहा 'इस वक्त कमरों की तलाशी कैसे ली जा सकती है? सभी ग्राहक आराम कर रहे हैं।' मैनेजर दारोगा को अपने आफिस में ले गया।

थोड़ी देर में दारोगा ने बाहर आकर कहा, 'तहकीकात चल रही है, आप लोग जायें। यहाँ बैठने से कोई फायदा नहीं। नकल सुबह थाने से मिलेगी।'

इसके बावजूद भोला बाबू और विनोद का परिवार होटल के आस-पास मँडराता रहा। विनोद को होटल के कमरों की बन्द खिडकियाँ एक षड्यंत्र लग रहीं थीं। उसकी इच्छा हो रही थी वह जोर-जोर से चिल्लाए, 'रेखा ! रेखा!' उसने पाया उसकी माँ गला भींचकर रो रही है।

होटल के आफिस से किसी तरह की कोई आवाज नहीं आ रही थी। पिछवाड़े डाट के पुल से धड़धड़ाती हुई कोई रेलगाड़ी गुजर गयी। रात का सन्नाटा और भी गहरा हो गया।

भोला बाबू ने कहा, 'पुनीत दिल्ली गया हुआ है, नहीं तो वह यहाँ दौड-भाग करता।'

बात एकदम व्यर्थ थी यह कहने वाले को लगा और सुनने वालों को भी।

भोला बाबू की पत्नी कों गश आ गया। वह वहीं जमीन पर बैठ गयी।

विनोद ने कहा, 'आप अम्मा के साथ घर जाइए। मैं और बाबूजी यहाँ रुके हैं।'

'मैं भी रुकूंगा।' भोला बाबू ने कहा।

विनोद के पिता ने कहा, 'भोला बाबू आप इन दोनों को घर तक छोड़ आइए फिर आप भले ही लौट आयें।'

दारोगा अपने पुलिस फोर्स के साथ बाहर निकला। सब उसकी तरफ लपके। वह बड़ी मुस्तैदी से जीप में बैठ गया, 'लड़की होटल में नहीं है, बड़े साहब को बताना होगा।'

जीप चली गयी। दारोगा की सूचना से इन सबमें नई आशा का संचार हुआ। उन्हें लगा बड़े कोतवाल तत्काल रेखा को ढूंढ़ निकालेंगे।

अभी सुबह होने में देर थी। फिर भी वे लोग वहाँ से कोतवाल के बंगले की तरफ चल दिये। उनका बंगला शहर के बाहरी छोर पर रेल की पटरियों के दूसरी तरफ था। जल्दी पहुँचने के खय़ाल से वे रेल की पटरियाँ फाँदने वाले थे कि रेखा की माँ के मुँह से चीख निकल गयी। उन्हें अंधेरे में कोई छाया भागती नजर आयी थी। वे सब लपककर उसी जगह पहुँचे। वहां कोई इंसान नहीं था। पटरी के एकतरफ खून से सना

एक बोरा पड़ा था जिसका मुँह बांधा हुआ था। विनोद ने बोरे का मुँह खोला। भय और आतंक से वह पथर गया।

अँधेरे में भी वे सब रेखा का शरीर पहचान गये। बोरे के अंदर रेखा का क्षत-विक्षत शव पड़ा था। उसके सभी कोमल अंग किसी ने चाकू से गोद डाले थे। चेहरे पर भीषण वार के घाव थे। हाँ उसकी उंगली में पड़ी, सोने की अंगूठी अपनी जगह सही सलामत चमक रही थी। इससे यह सुबूत मिल रहा था कि हत्यारे अपराधी थे मगर चोर नहीं थे।

बड़े कोतवाल के आदेश पर पुलिस की जीप अब भी बड़ी मुस्तैदी से दौड़-भाग कर रही थी।

♦♦♦

दाम्पत्य

उसने पास के पलंग पर सोयी अपनी पत्नी की ओर देखा। उसे हैरानी हुई कि कोई बोलता हुआ इनसान इतनी जल्द इतनी गहरी नींद में कैसे सो सकता है। सोने से पहले उसकी पत्नी का आखिरी वाक्य था, 'नल बन्द कर दो, नहीं सबेरे पड़-पड.कर जगायेगा। उसने उठ कर नल बंद किया और पत्नी से कहने ही जा रहा था कि जिस दिन बेटू टाइम से सो जाया करे, उस दिन तो कम से कम उसे कोई और बात करनी चाहिए। उसने देखा पत्नी करवट ले कर गहरी नींद में गुड़प हो चुकी है।

आलोक काफी उदास हो उठा। यह ठीक है कि उनकी शादी को बीस साल हो चुके थे और बेटू भी पंद्रह का था। पर इससे सुनीता को यह हक नहीं मिल जाता कि वह इतनी जल्द बिस्तर पर लेटते ही नींद में गुड़प हो जाये। बगल के कमरे में बेटू कान पर वॉकमैन लगाये-लगाये सो गया था। आलोक ने धीरे से वॉकमैन ऑफ कर कानों पर से हटाया, बिजली बुझायी और बरामदे में अपने विस्तर पर आ गया। उसकी बड़ी इच्छा हुई कि सुनीता इस वक्त जागी हुई होती। वे दोनों चाय बनाते और चाय पीते हुए उसे वह उन खयालों के बारे में बताता जो अक्सर उसे आते रहते हैं। ये खयालात उनकी जिन्दगी की निजी या मौजूदा मुश्किलों को हल नहीं करते, लेकिन उनके जेहन को एक नया अंदाज देते। पर यह मुमकिन नहीं था। उसके छूने से सुनीता जाग जाती। पर वह यह कभी नहीं मानती कि उसने उसे केवल गप्प मारने के इरादे से

उठाया है। यकीनन वह उठ कर वही कहती, जो वह अक्सर कहती है। 'हे भगवान ! तुम अभी तक सोये नहीं। क्या कर रहे थे। पता नहीं तुम्हें रोज-रोज मशक्कत करने की क्या पड़ी रहती है।'

उनके बीस साल के संग साथ की यह इंतिहा थी कि उसकी पत्नी मुहब्बत को मशक्कत कहने लगी थी। उसने कई बार चाहा, सुनीता को इस बात के भौंड़ेपन से सचेत करे, लेकिन हर बार वह उसके चेहरे की चिड़चिड़ाहट, थकान और झाइयाँ देख कर चुप रह गया।

यही तो अकेला बदलाव नहीं था। खूबसूरती का एक समूचा शामियाना था, जो उखड़ता जा रहा था। उसके मेहराबदार दरवाजे, झरोखे और दीवारें ढहती नजर आ रही थीं। आलोक को डर था कि इससे बचते-बचते वह कहीं एकदम बाहर न चला जाये।

अगली शाम यकायक ध्यान आया कि पिछले दिन हेमन्त भाई के घर बच्चे की सालगिरह में जाने की उसे याद ही नहीं रही। उसने सुनीता से कहा, 'सुनो, मैं तो दफ्तर से देर से लौटा पर तुम्हें भी ध्यान नहीं रहा।' सुनीता ने कहा, 'तो क्या हुआ, वे कौन सा आते हैं बेटू की सालगिरह पर?'

'लेकिन हम तो सालगिरह मनाते ही नहीं हैं।'

'वे भी न मनायें, जब हम नहीं मनाते तो लागों के यहाँ दौड़-दौड कर बधाइयाँ देने का क्या मतलब है?'

'जरूरी नहीं कि जो हमारे यकीन है, वही दूसरों के भी हों। सबको अपनी-अपनी तरह जीने की आजादी है। ऐसा करो, आज चले चलते हैं उनके यहाँ, भाभी खुश हो जायेंगी।'

'पता नहीं तुम्हें कब समझ आयेगी।' सुनीता ने झल्लाते हुए कहा, 'बात गयी। खत्म हो गयी। अब वहाँ जाकर लीपापोती करने से क्या फ़ायदा?'

आलोक को चोट लगी। हल्की-फुल्की बातों में भी उन दोनों के मतभेद जाहिर होने लगते हैं। सुनीता हर बात में फायदा-नुकसान जैसे

शब्द कहाँ से निकाल लाती है। और उसकी समझ का रोना तो वह रोती ही रहती है। हमेशा की तरह आलोक ने तय किया, वह किसी दिन हेमन्त भाई के यहाँ दफ्तर से सीधे, अकेला चला जायेगा।

रसोई में कुकर की कर्कश सीटी, नल की टपर-टपर और चकला-बेलन की निःशब्द वार्ता का एक घंटे का अंतराल कमरे को नितांत एकाकी बना गया। बेटू टेनिस खेलने गया हुआ था। आलोक ने सोफे का बिस्तर बनाया, टी. वी. चलाया और उसे न देखते-सुनते हुए, देखता रहा। यह रोज का क्रम था। कुछ कुछ वैसा, जैसे दफ्तर में अपने आस-पास की मेजों पर कई महिला कर्मचारियों के बीच रह कर भी वह उनसे उतना ही अनजान था।

पसीने की गंध से वह पहचान गया कि सुनीता कमरे में आ गयी है।

'टी. वी. पर क्या आ रहा है?'

'पता नहीं।'

'देख रहे हो और पता नहीं।'

'मैं प्रोग्राम नहीं देख रहा।'

सुनीता ने टी. वी. खट से बंद कर दिया, 'फिर खामखाह टी. वी. चलाने से क्या फायदा, ऐसे ही बिजली की बरबादी।'

टी. वी. बन्द होते ही कमरे में मनहूस खालीपन फैल गया।

'गायत्री का हसबेंड दफ्तर से आ कर अगरबत्ती बनाता है तुम भी कोई काम वाम क्यों नहीं करते?'

'क्योंकि मैं गायत्री का हसबेंड नहीं हूँ।'

'लेटे-लेटे वक्त बरबाद करना।'

'सुनो, वक्त मेरा है, इसका मोल-भाव तुम नहीं करोगी।'

'मेरा क्या है। मैं तो तुम्हारे ही फायदे की सोच रही थी।'

बेटू लौटा, तो उसके साथ उसका दोस्त वरुण भी था। कैसेट और

कॉमिक की अदला-बदली के बाद वरुण चला गया। आलोक ने बेटे की ओर लाड़ से देखा। बेटू की निगाह टी. वी. पर चिपकी थी। सुनीता बालकनी में चली गयी थी। आलोक को लगा, जैसे वह एक बार फिर सत्ताइस साल का बन गया है—अविवाहित, आजाद और अकेला, यह जो सामने लड़का है, उसका बेटा नहीं, रूममेट महेश है।

यह फीलिंग बहुत देर के लिए नहीं थी। कॉलोनी के विपिन तिवारी और उनकी पत्नी सुधा उनके यहाँ आ गये। उसे एक बार फिर अपनी सहनशक्ति जुटाने की जरूरत महसूस हुई। सुधा तिवारी सुनीता की सहेली है उसे भी बुरी नहीं लगती। बावजूद इसके कि उसके अंदर कुछ बिलकुल वही खामियाँ हैं, जो सुनीता में हैं, जैसे कंजूसी। पर विपिन तिवारी को बर्दाश्त करना उसे हमेशा कठिन लगता है। आमतौर पर उसे ऐसे दुमहिलाऊ लोगों से बड़ी चिढ़ है, जो स्टैपनी की तरह बीबी के साथ हर वक्त दिखायी दें। सुधा तिवारी सब्जी लेने भी जाती है तो उसका पति उसके साथ मौजूद रहता है। इस तरह सुनीता को तानेबाजी का एक और मौका मिल जाता है। उसे सुनाने की गरज से सुनीता हर बार सुधा से कहती है, 'तुम सचमुच बहुत खुशकिस्मत हो सुधा, जो तुम्हें विपिन जी जैसे पति मिले हैं।' विपिन तिवारी दोनों महिलाओं को एक गदबद मुस्कान देता है। वह जिस तरह महिला-मंडली से मुखातिब रहता है उससे शक होता है कि शायद पुरुषों के बीच बैठ उसे परेशानी होती है।

अंदर आते ही महिलाओं ने मौसम, महंगाई और महरी के बारे में एक सी राय जाहिर की, विपिन ने सिर हिलाया। आलोक ने कहा, 'यह ठीक है कि यहाँ टमाटर पाँच रूपये पाव है पर चौक में यही टमाटर पचास पैसे पाव मारा-मारा फिर रहा है।'

विपिन तिवारी उत्तेजित हो गया, 'अरे, कब, कहाँ, कैसे? यह तो बड़ी गजब की बात है सुधा !' सुनीता बिगड़ी, 'तुम इतनी दूर जा कर सिर्फ एक पाव टमाटर क्यों लाये किलो नहीं ला सकते थे।'

'और सब्जियों के दाम सुनिए, आलू रुपये का दो किलो, गोभी चालीस पैसे, प्याज... ।'

विपिन तिवारी ने अफसोस से सिर हिलाया, 'क्या बतायें, इस वक्त चौक बन्द हो चुका होगा, नहीं तो मैं अभी चला जाता।' इसी उत्तेजना में उन लोगों ने जल्द विदा ले ली। उनके जाते ही सुनीता ने मचल कर कहा, 'सुनो, सुबह हम भी चौक चलेंगे', आलोक हँस दिया, 'मैंने मजाक किया था। दरअसल चौक में सब्जियाँ यहाँ से भी ज्यादा महँगी हैं।' सुनीता बुरा मान गयी, 'यह भी कोई मजाक है सुधा लोग इतने सीधे हैं, उन्हें क्या पता तुम्हारे मन में क्या है?'

'यह तो तुम्हें भी नहीं पता।'

'मैं तो तुम्हारी रग-रग जानती हूँ लेकिन तुम्हें सुधा लोग से ऐसे नहीं करना चाहिए था।'

'यह तुम्हारी सुधा तो फिर भी ठीक है, पर वह जो सुधा लोग हैं न, मुझसे बर्दाश्त नहीं होता।'

'क्यों, क्या खराबी है उसमें इतना सीधा सा तो है विचारा।'

'यही खराबी है उसमें।'

'तुम्हें तो बस लुच्चे-लफंगे अच्छे लगते हैं जैसा वह था, क्या नाम था उसका? तुम्हारी लोई ओढ़ कर गया था, आज तक नहीं लौटायी और वह छाता तुमने अपने दोस्त बेदर्द जी को पकड़ाया, वह कभी वापस आया?'

आलोक चुपके से दूसरे कमरे में खिसक गया। वह जानता था इस वक्त पिछले बीस बरस के नफे-नुकसान गिनाये जायेंगे। हर दोस्त के आचरण की चीर फाड़ की जायेगी। वह इस बमबारी का सामना क्यों करे?

पत्नी की चिल्लाहट धीरे-धीरे बड़बड़ाहट और उसके बाद भुनभुनाहट में तबदील हो गयी। थोड़ी देर बाद कमरे का दरवाजा बन्द हुआ, बिजली बुझी और वहाँ सन्नाटे की चादर तन गयी। दूसरे कमरे में

सिगरेट फूँकते हुए आलोक को लगा उसका दाम्पत्य जीवन बहुत गलत चल रहा है इसे सुधारने के लिए उसे एक नया बीस सूत्री कार्यक्रम तैयार करना होगा। वह चाहता, तो साइड टेबिल से उठा कर कागज और पैन ले कर वे सब बातें नोट कर डालता, जिनसे उसकी पत्नी चिढ़ती है। लेकिन उसे यह कोशिश बचकानी लगी। अपने बीस साल पुराने दाम्पत्य जीवन पर इतनी माथापच्ची उसे गवारा न हुई। बहरहाल वह सहमति, सहानुभूति, सहयोग संजीदगी और सहनशक्ति जैसे कुछ शाश्वत् सूत्र सोचते हुए सो गया।

♦♦♦

नया त्रिकोण

जीजी की चीजें बड़ी जल्दी गुम हो जाती थीं। यकायक घर में किसी चीज का कोहराम मच जाता। पता चलता जीजी की बनियान नहीं मिल रही, जीजी का शॉल, जीजी का चश्मा। जीजी इधर-उधर देखतीं और आँसुओं से रोने लगतीं 'हे राम, ले गया, कोई मेरा शॉल ले गया। मेरा पश्मीने का शॉल था, पूरे चार सौ का।'

अगर कोई कहता, 'जीजी, शॉल कहाँ चला जायेगा, यहीं कहीं रखकर भूल गयी होंगी आप।'

जीजी कहती, 'ना जी मैं तो कूड़ेदान तक में झांक आयी। शॉल कहीं नहीं है। इत्ता बढ़िया था। जरूर बर्तन वाली ले गयी।'

थोड़ी देर बाद शॉल उनकी रजाई के अन्दर बरामद हो जाता पर जीजी कभी यह न मानतीं कि शॉल उन्हीं के हाथ से वहाँ पहुँच गया।

'ना जी, मैंने तो देखा भी नहीं था। वह तो मैंने बौ-बाट की तो चोर ने लाकर रजाई में घुसा दिया।'

थोड़ी देर को घर शांत हो जाता कि चलो चीज मिल गयी। अचानक शोर उठता जीजी की पान की डिबिया नहीं मिल रही है।

घर में कोई पान नहीं खाता था।

जीजी कहती, 'पूरी चाँदी की थी, कहीं न जोड़ था न तोड़। एकदम नई थी। वह तो खोनी ही थी। इस घर में जब भी होता है मेरा ही औंड़ा होता है। हाय मेरी पान की डिबिया। अब मैं पान कैसे रखूंगी।

नन्हा सुग्गू अपना स्कूल का टिफिन बक्स उनके आगे करता, 'दादी ये ले लो, इसमें रख लो।'

जीजी को इस वक्त उस पर कतई प्यार नहीं आता। वे उसका हाथ परे कर देतीं, 'यह प्लास्टिक का डिब्बा तो मैं कभी भी न लूं। मेरी तो ऐसी ठेपल चाँदी की डिब्बी थी।'

जीजी की बहू अनीता कहती, 'जरा बिस्तर से उठो तो मैं बिस्तर झाड़-झूड़ कर ढूंढ़ दूँ डिबिया।'

जीजी मुँह फुला लेतीं, 'कोई सुई तो है नहीं जो चादर में लिपट जाये। मैंने सारा बिस्तर छान मारा।' उनकी हताशा के बावजूद अनीता तकिए उलट पलट करती, रजाई उठाकर वापस रखती कि अचानक सुग्गू चिल्लाता, 'बो रही दादी की डिबिया, वो रही।'

डिबिया उनके पलंग के नीचे पड़ी होती। एक बार फिर जीजी का प्रवचन होता किस तरह ऐन मौके पर चोर डिबिया ले जा नहीं पाया और पलंग के नीचे छोड़ गया। जीजी अपनी चौकीदारी और चौकस कर देतीं। सारा दिन वे कुछ न कुछ गिनती रहतीं, कभी अपनी बिटामिन की गोलियाँ, कभी रुपये, तो कभी मुरब्बे के आँवले।

परिवार में जीजी नाराज पीढ़ी की प्रतिनिधि थीं। बाबा के मरने के बाद वे अपने छोटे-बेटे के पास आकर बस गयी थीं। यहाँ उनकी सुख-सुविधा का पूरा ध्यान रखा जाता था। लेकिन उन्हें एक मुकम्मल नाराजी थी भगवान और इन्सान से। वे उन लोगों में से थीं जो सत्ता के केन्द्र में रहने के अभ्यस्त होते हैं। अपने घर में वे थीं। जीवन भर वे बाबा को अपने आदेशों की छड़ी पर नचाती रहीं। बस संसार से कूच करते समय बाबा इनकी इजाजत लेना भूल गये, इसी की उन्हें नाराजी थी। उनके दो बेटे विदेश में थे और एक यहाँ ए० जी० ऑफिस में। बाबा के निधन पर दोनों बेटे विदेश से दो हफ्ते के लिए घर आये, माँ को कुछ नसीहतें दी और आखिरी दिन कुछ डॉलर हाथ में पकड़ा कर चल दिये। छोटे बेटे आनन्द ने उनका हाथ थामा और उन्हें अपने घर

ले आया। अपनी-अपनी तरह से तीनों माँ से प्यार करते थे लेकिन माँ चाहती थीं कि उन्हें उनकी तरह से प्यार किया जाये, उनके निर्देशानुसार। जीजी के निर्देश बेहद कठोर हुआ करते थे।

जीजी ने अपना आरम्भिक जीवन जिन नियमों में बँधकर बिताया था, उन्हीं नियमों को वह इस घर पर लागू करने की फिराक में रहतीं। इनके अंतर्गत सबेरे जल्दी उठना, धमाधम कपड़े कूटना, नहाना तो आते ही, हर वक्त उनके स्वास्थ्य के बारे में जानकारी हासिल करना, पड़ौसियों के ताजा समाचार प्रसारित करना और खुद उनकी महानता का गुणगान करना भी आता था। अकेली अनीता इतने मोर्चों पर निपट नहीं सकती थी इसलिए आनन्द भी लगातार सतर्क रहकर मोर्चे सम्भालता। फिर भी जीजी को हमला करने के लिए कोई न कोई आर्डर असुरक्षित मिल ही जाता। जीजी का विश्वास था कि जीवन को जितना कष्टदायक बनाया जाय उतना ही आगे चलकर सुख मिलता है। कितना आगे जाकर सुख मिलता है, यह स्पष्ट रूप से जीजी को भी नहीं पता था पर नियम लागू करने में वे अपनी मुस्तैदी कभी कम न होने देती।

यों तो अनीता पाँच साल के सुग्गू की माँ थी लेकिन उसके अन्दर अभी इतना अल्हड़पन और लापरवाही बरकरार थी कि वह दूध उबालने के लिए गैस पर रखकर भूल जाय और टी. वी. देखने में मशगूल रह जाय। जीजी अपनी नाक सिकोड़ कर जोर से सांस लेतीं और कहतीं, अनीता यह दूध जलने की मुशक कहाँ से आ रही है?'

अनीता का ध्यान चित्रहार के गाने पर होता। वह बिना नजर हटाये कहती, 'होगा पड़ौस में, हमें क्या?'

'नाय, मोय तो लगे तेरे ई चौके से आ रही है।' जीजी अड़ जातीं। अनीता पाँव पटकती रसोई में जाती तो पाती दूध की गंगा जमना बही जा रही है। वह जल्दी से पानी ढुलका कर सफाई कर देती और बचे दूध में पानी मिला लेती। उसके इस सटर-पटर ढंग पर जीजी खीझ उठती।

सुग्गू को नहलाने के वक्त तो जीजी की हिदायतों का बक्सा ही खुल जाता।

'अनीता, लल्ला की पीठ पर तेल मल। इसके पैर पतली बनियान से रगड़, मैल जमा पड़ा है। पानी न गरम हो न ठंडा। सिर अच्छी तरह मल।'

सुग्गू अनीता की पकड़ में न आता। तेल मलवाना, सिर धुलवाना तो दूर, वह सारा पानी एक बार में बदन पर डालकर मुनादी कर देता, 'नहा लिए।'

अनीता इसी को गनीमत मान उसे कपड़े पहना देती। जीजी का व्याख्यान शुरू हो जाता।

'जभी तो सुग्गू सूखा पड़ा है। अरे बच्चे तेल और दूध से पाले जाते हैं। ये नहाया है या नाम किया है। ऊपर से तू पौडर लगा रही है। शरीर की रही-सही चिकनाई सूख जायेगी। एक हम थे, जै बार दूध पिलाते तै बार तेल लगाते थे।'

मन में उठते सभी संवाद अनीता होठों में दबा लेती हालांकि इस काम में उसकी बहुत सी सहनशक्ति खत्म हो जाती। जीजी से कुछ कहने का मतलब होता एक और प्रवचन।

किसी-किसी दिन जीजी को सुबह से चक्कर आने लगते। तनाव उनसे बिल्कुल बर्दाश्त न होता। बड़े बेटे की चिट्ठी में अगर यह लिखा होता, 'जीजी, तुम खुश रहने का अभ्यास किया करो...' जीजी का पारा चढ़ जाता, 'इसे खुशी नजर आ रही है। इसका बाप मर गया और यह मुझे कह रहा है खुश रहा करो। मेरा सरबस चला गया और मैं ढोल बजाऊँ?'

भाई के बचाव में आनन्द कुछ भी कहता तो जीजी उसी पर बरस पड़तीं, 'तुममें से किसी को बाप का दुख नहीं है। मैं जानती हूँ मुझे चक्कर क्यों आ रहे हैं। तुम सब मेरे दुश्मन हो। बड़ी बहू मुझे गाली देती है तभी चक्कर आते हैं।

आनन्द अपनी भाभियों की पक्षधरता करते ही जीजी के प्रकोप का पात्र बन जाता। जीजी अपना बुकचा खोल अलगनी से कपड़े उतार कर धरने लगतीं, 'ये लो मैं चली अपने घर। अब कोई मुझे रोककर तो देखे।'

हाथ जोड़ने, पैर छूने, माफी माँगने, भूख हड़ताल करने का एक लम्बा क्रम चलता और परिवार का एक समूचा दिन जीजी के कमरे को समर्पित हो जाता। आनन्द उस रोज दफ़्तर न जा पाता, अनीता चूल्हा न जला पाती और स्कूल चोर-सुग्गू दादी की आड़ में छुट्टी मार लेता। फिर जीजी किसी बात से प्रसन्न हो जाती। सुग्गू का लगाया पान उन्हें बढ़िया लग जाता या अनीता की दी गयी दवा और वे अपना युद्ध घोष वापस ले लेतीं। दोपहर होते-होते तक वे पुनः अपनी रामायण के साथ तख्त पर आसीन हो जातीं, उनसे मिलने वाली पड़ोसिनें आने लगतीं, अनीता चाय बना देती और घर में रामराज्य की वापसी होती।

बड़े भाइयों के परिवार अभिन्न होते हुए भी भिन्न थे। उनके बच्चे विदेशी संस्कृति में पले पढ़े थे, उनकी पत्नियाँ नौकरी पेशा थीं, उनके लिए माँ, एक छुट्टी-कालीन वार्षिक प्रसंग थी। उनकी हताशा और हिस्टीरिया से दैनिक साक्षात्कार न उन्हें गवारा था न ग्राह्य। मझले भाई चिट्ठियों में माँ के एकाकीपन का बड़ा वैज्ञानिक समाधान भेजते रहते—एक टाइमटेबिल बना कर भेजते कि माँ को अपना दिन कैसे गुजारना चाहिए। जीजी चिट्ठी सुनतीं और कहती, 'आया है मुझे समझाने वाला। टट्टी पोंछने की अक्ल नहीं और टाइमटेबिल बना रहा है मेरा। मेरे सामने आये तो गिन-गिन कर दस चांटे मारूँ। अनीता फाड़ दे ये चिट्ठी, मैं कहती हूँ फाड़ दे।'

अनीता चिट्ठी छुपा देती क्योंकि उसे पता था कि दस मिनट बाद जीजी वही चिट्ठी मांग कर अपने गद्दे के नीचे रखेंगी।

हर हफ्ते डॉक्टर जीजी का मुआयना करता। जब उनका ब्लडप्रेशर बढ़ा मिलता डॉक्टर कहता, 'इन्हें नमक कम से कम दीजिए, उबला

खाना खिलाइए। इनकी उम्र पर नमक, चीनी और चिकनाई तीनों नुकसान करती हैं।'

अनीता सब्जियों का सूप बना देती और टोस्ट पर फीका मक्खन लगाने लगती। जीजी से खाया न जाता। वे तश्तरी सरका देतीं, 'ले जा यह अलोना-फीका नाश्ता। वे क्या गये मैं एक चुटकी नमक को तरस गयी। अरे कोई अमरमूर चीज है यह जो तू दे नहीं सकती।'

जीजी को खाने में शुरू से चटक नमक और मसाले पसन्द थे। यहाँ तक कि आटे में भी वे नमक डलवातीं। तरह-तरह के अचार-चटनी-मुरब्बे उन्हें बनाना भी आता था और खाना। उनकी तबियत खराब होने पर अनीता सब शीशी-मर्तबान उनके कमरे से उठा देती। वे रूठ जाती और खाना छोड़ देतीं। एक बार डॉक्टर ने पुड़िया बाँधकर उन्हें दिखाया 'बस दिन भर में इतना नमक खा सकती हैं आप!'

जीजी हिकारत से हँस दीं, 'ये ! अरे इतना नमक तो हम मूमफली के साथ चाट लें। इससे अच्छा हमें जहर दे दो।'

'जहर ही खा रही हैं आप।' डाक्टर खीझ जाता।

जीवन भर जीजी अपने दुश्मन पहचान न पाई। वे अपने तीनों बेटों से झगड़ती रहीं जबकि उनके असली दुश्मन थे नमक, चीनी, और चिकनाई। ब्लडप्रेशर, डायबिटीज, मोटापा सब कुबूल था उन्हें पर परहेज कुबूल नहीं था। पान लगाते, खाते उनके दांतों का जो हुआ सो हुआ, दायें हाथ की पहली उंगली का रंग एकदम कत्थई पड़ गया था।

घर में केवल एक व्यक्ति के अदम्य और अनोखे स्वभाव के कारण बाकी सब अपना व्यक्तित्व खोते जा रहे थे। हर हरकत यह देखकर की जाती कि जीजी इसे कैसे कुबूल करेंगी। आनन्द शुरू से अपनी माँ के व्यक्तित्व की खूबियों और खामियों को अच्छी तरह जानता था, इसलिए उसे इतनी तकलीफ नहीं होती। पर अनीता की सहनशक्ति का कचूमर निकला जा रहा है। वह चीजों को तार्किकता से देखने की अभ्यस्त थी। किन्तु उस कसौटी पर जीजी की अधिकांश बातें गलत लगतीं। यही

कारण था कि जब तब वह किसी अप्रिय बहस में फँस जाती। सेवा करते हुए भी उसे उतना अच्छा प्रमाण-पत्र नहीं मिलता जितना आनन्द को मिल जाता। तबियत ठीक होने पर जीजी कहतीं, 'मैं इतनी बीमार हुई, अन्नू मेरे साथ ही बीमार पड़ गया; दो दिन दफ्तर जाने की सुध नही रही। पान के पत्ते की तरह मुझे उलटा-पलटा, मोय तो सुध ही ना थी।'

उनकी सहेली कहती, 'भागमान हो, बेटा-बहू सब पास में हैं।'

जीजी कहती, 'अनीता बेचारी चौके से निकले तो सेवा करे, चलो जी मैं चाहूँ ही नहीं कोई मेरी फिकर करे।'

अनीता तिलमिला उठती। जीजी के लिए दूध गरम करते, ठंडा करते, कपड़े धोते, बिस्तर बिछाते वह मुँह फुला लेती। छोटे-छोटे काम भी उसे तबालत लगते।

आनन्द समझाता, 'माँ का हृदय एकदम साफ है, उनकी बात का बुरा मत माना करो, उन्हें प्रसन्न रखा करो और खुद भी खुश रहा करो।'

'हमसे नहीं होती यह प्रसन्नता की राजनीति। जीजी तो पल में तोला पल में माशा होती हैं।'

आनन्द बुरा-सा मुँह बना लेता। उसे लगता वह बुरी तरह फँस गया है। उसने जब भी अपने जीवन में त्रिकोण की कल्पना की थी तो रोमांटिक त्रिकोण की। उसकी कल्पना में अनीता एक सीधी सादी, चपटे बालों का कसा जूड़ा बनाने वाली पत्नी थी और त्रिकोण की तीसरी जगह एक अदद तेज-तर्रार कटे बालों वाली प्रेमिका के लिए खाली पड़ी थी। लकिन बौड़म सच्चाई यह थी कि इस तीसरी जगह पर जीजी आकर बैठ गयी थीं। आनन्द ने पाया इन दिनों वह न कुछ सोच रहा है न कर; सिर्फ समय बिता रहा है। फिलहाल उसका इस त्रिकोण से निकलना भी दुश्वार था।

♦♦♦

प्रिया पाक्षिक

काफी दिन परेशान और खाली-खुक्ख रहने के बाद यह नौकरी हाथ आयी थी। अभी कुछ महीने पहले उससे कोई कहता कि तुम 'प्रिया' में उपसंपादकी कर लो, तो वह कहने वालों का खूब मजाक उड़ाता, 'प्रिया' एक महिलोपयोगी पत्रिका थी जो राजधानी से छपती थी और जिसका सर्कुलेशन लाखों में था। पिछले दो सालों से गांव-गांव और कस्बों में टेलीविजन के आ जाने से जहां बड़े-बड़े अखबार घराने भी डगमगा गये थे, 'प्रिया' संस्थान निरंतर अपनी बिक्री के आंकड़े बढ़ा रहा था। प्रत्यूष ने दो एक बार अपनी भाभी को प्रिया पढ़ते देखा था। उसे कभी इस पत्रिका को पलटने की जिज्ञासा नहीं हुई। उसके कवर पर किसी खूब सूरत मॉडल तस्वीर होती तथा उसका हर अंक विशेषांक होता। लेकिन समकालीन विचार और जीवन से उसका सीमित नाता था। किसी दिन घर में खाना खराब बनता तो, वह भाभी का मजाक उड़ाता, 'लगता है, यह खाना आपने 'प्रिया' पढ़ कर बनाया है।'

पत्रिका में काम करते प्रत्यूष को एक महीना हो चला था। अभी उसे कोई विशेष पृष्ठ नहीं दिये गये थे। उसका काम केवल आयी हुई रचनाओं को पढ़ना और उनमें हुई भाषा की भूलों का संशोधन करना था। हर रचना दफ्तर के डेस्क पर दोबारा लिखी जाती। इसमें शक नहीं कि प्रिया अपने स्टाफ को बहुत बेहतर वेतन देती थी, पर अपने लेखकों को बतौर पारिश्रमिक वह बहुत नगण्य राशि देती। अक्सर लेखक की रचना में इतना परिवर्तन-संशोधन कर दिया जाता कि वह मूलरचना न

हो कर एक स्वतंत्र नयी रचना बन जाती। छपास के मारे लेखक कुछ नहीं बोलते, चुपचाप वह अपमानजनक पारिश्रमिक स्वीकार कर लेते।

अभी तक प्रत्यूष के मन में अपनी नौकरी और ऑफिस के प्रति संतोष या गर्व की जगह एक शर्मिंदगी का ही भाव था। हालाँकि उसके कई दोस्त बेरोजगार थे, पर उनके बीच अपने काम की डींग वह कतई न हाँक पाता। वे एक स्वर में कहा करते, 'बहनजियों की मैगजीन में काम करते-करते एक दिन तुम सिस्टर प्रत्यूष बन जाओगे। थोड़े जनाने तो अभी से लगने लगे हो।' प्रत्यूष का चेहरा लाल हो जाता। सबसे बुरा उसे यह लगता कि चाय के पैसे भी वही चुकाता और मजाक भी उसी का बनता। उसका कोई भी दोस्त उससे डरता नहीं था। राजकुमार को बेकारी का पांच साल का अनुभव था। उसके शब्दों में अब वह एम० ए० तक का पढ़ा-लिखा सब भूल चुका था। विपिन चार साल से नौकरी की तलाश में लगा था और इस सिलसिले में बैंक में चपरासी पद तक के लिए अर्जी दे चुका था। अंशुमान ने कंपटीशन के इम्तहानों में बैठ-बैठ कर आँखें सुजा ली थीं और वह अपने लिए कहा करता था, 'अब तो मैं अस्त हुआ। हौसला पस्त हुआ।' ये सब अपने को बेरोजगारी के विशेषज्ञ कहते थे। किसी भी नौकरीपेशा के पद को महत्व से शून्य कर देना इनके लिए बायें हाथ का काम था। प्रत्यूष का इन तीनों के साथ रोज शाम का जमावड़ा था। लेकिन ये अपने तेवर कभी हल्के नहीं होने देते।

प्रत्यूष दफ्तर से लौटता, तो विपिन रास्ते में उसे रोकता और कहता, 'कहो गुरू कित्ती देर में आ रहे हो?' प्रत्यूष कई बार सोचता, वह मना कर दे, पर उसका मन प्रेस मैटर का, 'एक सीधा , दो उल्टा, एक छोड़ो, तीन घटा...'पढ़-पढ़ कर इस कदर उकताया रहता कि वह मना न कर पाता, और आध घंटे के अंदर ही अपने को चाय के खोखे पर बैठा पाता। अंशुमान उसके कंधे पर हाथ मारता, 'क्यों आज तुम्हारे संपादक ने कौन-सी बहनजी को किस रोग का उपचार बताया, जरा हो जाये।' प्रत्यूष अपनी जबान को कोसता, जो कोई भेद अपने तक नहीं

रख पाती थी। शुरू-शुरू के जोश और कौतुक में उसी ने इस तिकड़ी को बताया था कि स्वास्थ्य-सौंदर्य संबंधी प्रश्नों के उत्तर' प्रिया' के बुजुर्ग संपादक स्वयं देते हैं, तथा उन प्रश्नों और समस्याओं से पूरे दफ्तर का जोरदार मनोरंजन होता है। अगर प्रत्यूष ने दफ्तर की भारी-भरकम डाक न देखी होती, तो वह यही समझता कि इतने खुले और निजी सवाल पाठिकाएँ नहीं पूछतीं, बल्कि बुढ़भस के मारे संपादक और मुख्य उपसंपादक मिल कर ही लिख लेते हैं। पर प्रत्यूष ने पाया कि अंतरंग से अंतरंग प्रश्न भी कई बार पोस्टकार्ड पर लिखा डाक में आ जाता। उन प्रश्नों में गर्भनिरोध का सरल और विश्वसनीय तरीका, श्वेतप्रदर का उपचार, गर्भपात का ठिकाना, पति की नपुंसकता और पड़ोसी से गर्भाधान जैसे स्वास्थ्य प्रश्नोत्तर तो रहते ही,कमर पतली करने के व्यायाम, वक्ष सुडौल रखने की जानकारी, चेहरे की झाईं दूर करने का तरीका और नितंब भार की रोकथाम संबंधी सौंदर्य समस्याएँ भी शामिल रहतीं। हर प्रश्न का दफ्तर में सवाक वाचन होता। अट्टहास लगता और काफी देर की रसानुभूति के पश्चात् लिखने की प्रक्रिया शुरू की जाती। हैरानी यह थी कि जैसे प्रश्न प्रकाशन के योग्य समझे जाते, उनसे भी गोपन और निजी प्रश्न दफ्तर की फाइलों में बंद रहते। मात्र शब्द के प्रति शिष्टाचार के नाते उन्हें छापना उचित न समझा जाता। शेष पृष्ठों में एक-एक कर कई बुनाइयों के नमूने, व्यंजनों की विधि, घरेलू चित्रकथा और साप्ताहिक भविष्यफल रहता। यह मालिकों की व्यावसायिक प्रतिभा कही जायेगी कि मैटर से ज्यादा पृष्ठ विज्ञापन के रहते। नियम यह था कि मैटर श्वेत-श्याम पृष्ठों पर जाये और विज्ञापन रंगीन पर। कभी-कभी किसी विशेष रचना पर ही इसमें फेरबदल होता।

बहुत-सी सामग्री विशेष रूप से प्रिया के लिए लिखवायी जाती, थोड़ी सामग्री विदेशी पत्रिकाओं से अनुवाद की जाती। काफी संख्या में रचनाएँ बिना निमंत्रण के भी लेखक भेजते रहते। फिर भी मैटर का संकट बना रहता। आपसी वार्तालाप में स्टाफ के सदस्य 'प्रिया' को राक्षसी और पिशाचिनी कहते, क्योंकि तीन कॉलम का बड़े साइज का

उसका पृष्ठ निरंतर मैटर की माँग करता। सैकड़ों पृष्ठ मैटर, कॉलमों में समा कर सिकुड़ जाता। संपादक जगह-जगह रंगीन पारदर्शी लगाते और फिलर की तरह सूक्तियां या लतीफे फिट करते। आखिरकार जब मैटर प्रेस में चला जाता, तो संपादकीय विभाग के लोग चैन की सांस लेते। लेकिन अगले हफ्ते से ही अगले अंक की गहमागहमी शुरू हो जाती।

प्रत्यूष को हिन्दी, अंगरेजी दोनों की जानकारी थी इसलिए उसके जिम्मे बहुत-सा अनुवाद कार्य भी था। अब कथा-कहानियों का अनुवाद तो एक दिलचस्प काम था, पर यहां तो कथा-कहानी का नहीं बल्कि बुनाई-कढ़ाई की विधियों का अनुवाद करना पड़ता था। प्रत्यूष को अभी तक इसमें दक्षता हासिल नहीं हुई थी। अपना काम आसान करने के लिए वह 'प्रिया' के पुराने अंक टटोलता और जैसे-तैसे काम निपटाला लेकिन कभी-कभी भूल हो जाती।

एक बार किसी विदेशी पत्रिका से अनुवाद कर 'प्रिया' में स्वेटर का नमूना छापा गया। पांच रंगों के डिजाइन से बना स्वेटर का चित्र सचमुच अनुपम था। कवर पर भी उसी स्वेटर को पहने एक किशोरी की पारदर्शी छापी गयी थी। सर्दियों का मौसम था। अतः प्रिया का बुनाई विशेषांक धड़ाधड़ बिक गया। यहाँ तक कि कम पड़ गया और उन्हें एक परिशिष्टांक में वही नमूना दोबारा छाप कर मार्केट में वितरित करना पड़ा। लेकिन अगले ही महीने संपादक के पास रजिस्टर्ड पार्सल से किसी पाठिका ने स्वेटर भेजा, जिसके साथ बेहद गुस्सैल चिट्ठी संलग्न थी। चिट्ठी में लिखा था, 'प्रिय संपादक इस महंगाई में पाठकों के संग इस तरह का ज़ालिम मजाक करने से बाज आयें। स्वेटर का नमूना बिल्कुल गलत दिया है। आपकी मैगजीन के हिसाब से मैंने स्वेटर बनाया, तो वह कैसा बना, यह मैं प्रत्यक्ष दिखाने के लिए स्वेटर आपकी सेवा में भेज रही हूं। इसे आप ही पहन लें।' संपादक ने स्वेटर खोल कर देखा, उसमें नमूने का मोर बिल्कुल कौवा नजर आ रहा था। एक बांह पूरी थी तो दूसरी गायब और गला इतना संकरा बना था कि फुल साइज स्वेटर आफ साइज आदमी के सिर में भी न फंसे। संपादक ने स्वेटर

प्रत्यूष के सामने पटक दिया, 'ऐसे करेंगे आप काम? यह क्या तमाशा है?'

प्रत्यूष ने स्वेटर देखा तो उसे हंसी आ गयी।

हँसी ने आग का काम किया।

'आपके लिए यह लतीफा है। बुनाई विशेषांक में बुनाई का कवर डिजाइन गलत चला जाये और गलती करने वाला ठहाका लगा रहा है, मजा ले रहा है ! आप तो हमारी पत्रिका को बिल्कुल चौपट कर देंगे।'

प्रत्यूष ने गंभीर और निरीह चेहरा बनाया, 'मैंने तो मैटर के हिसाब से अनुवाद किया था।' संपादक की अंगरेजी थोड़ी कमजोर थी, फिर भी वे तीन घंटे मैग्नीफाइंग ग्लास ले कर लगे रहे और उन्होंने गलती पकड़ ली। प्रत्यूष ने एक पैराग्राफ का दो बार अनुवाद कर डाला था, इससे अगला चरण भी गड़बड़ा गया था। मोर पंख बन ही नहीं पाये थे। बांह इसलिए नदारद थी, क्योंकि जहां एक कालम मैटर शेषांश कह कर पृष्ठ 80 पर जाना था, वहाँ एक विज्ञापन चला गया था और मैटर असावधानी से गोल हो गया था।

प्रत्यूष ने मुँह लटका कर कहा, 'आय एम सॉरी।'

संपादक बोले, 'सिर्फ मुझसे सॉरी कहने से काम नहीं चलेगा। आप को पाठकों से क्षमा मांगनी पड़ेगी।

'ठीक है और अगली बार हम संशोधन करके नमूना भी फिर से छाप देंगे।' प्रत्यूष ने कहा।

संपादक फिर भड़क गये, 'छाप देंगे, कैसे छाप देंगे। अगला तो व्यंजन विशेषांक है। उसमें बुनाई का नमूना कैसे छाप देंगे? आप कौन होते हैं संपादन नीतियां तय करने वाले? बड़े अपने आपको संपादक समझते हैं!'

प्रत्यूष ने फिर अपना चेहरा निरीह बना लिया, हालांकि मन ही मन वह कह रहा था, 'संपादक क्या। संपादक जी, हम तो अपने आपको

प्रधानमंत्री के समकक्ष समझते हैं। उसे यह भी हैरानी हुई कि महिलाएं बुनाई डालते हुए अपनी सूझ-बूझ पर बिलकुल यकीन नहीं करतीं, बस पत्रिका के हिसाब से ही उलटा-सीधा करती रहती हैं। पर यह बात कह कर वह एक और बवाल खड़ा नहीं करना चाहता था।

वैसे कई बार यह सोचा गया था कि प्रिया पत्रिका को प्रयोगशाला भी खड़ी कर लेनी चाहिए, जिसमें छपने से पहले मैटर की प्रायोगिक जाँच कर ली जाये। बुनाई के नमूने बुन कर और कढ़ाई के नमूने काढ़ कर देखे जायें मुश्किल यह थी कि इस तरह के प्रयोगों के लिए एक महिला की नियुक्ति करना जरूरी था और यह बात न मालिक को पसंद थी न संपादक को। महिला कर्मी को वे एक बला, एक मुसीबत मानते थे। इस बात पर मालिक और संपादक दोनों सहमत थे कि महिला-कर्मी काम कम करती हैं सुविधाएं ज्यादा माँगती हैं; महिला कर्मी अविवाहित हुई तो प्रेम में पड़ कर दफ्तर का अनुशासन तोड़ेगी और विवाहित हुई तो गर्भाधान, प्रसव या गर्भपात से कार्यक्षमता में बाधा पैदा करेगी। मालिक और संपादक को पुरुष वर्कर इसीलिए पसंद थे, क्योंकि ये सारे हादसे उनके साथ नहीं होते थे, ज्यादा से ज्यादा उन्हें फ्लू होता था जो दो-तीन दिन में निपट जाता। यह बात अजीब लेकिन सच थी कि इतनी बड़ी महिला पत्रिका में किसी भी स्तर पर एक भी महिला कर्मी कार्यरत नहीं थी। अगर कोई नौजवान उप संपादक इस बात की ओर ध्यान खींचता, तो संपादक कहते, 'रसोई और पत्रिका केवल पुरुष चला सकते हैं, यह औरतों के बस का काम नहीं।'

व्यंजन विशेषांक एक अजूबे से कम नहीं था। पहले उसके लिए विशेष रूप से सामग्री मंगायी जाती थी पर अब तो बिना मांगे ही इतनी व्यंजन-विधियां कार्यालय में इकट्ठी हो जाती है कि उन्हें कुछ खास न करना पड़ता। बस उनकी रंगीन तसवीरों की व्यवस्था कर, मैटर छाप देना होता। जिन दिनों व्यंजन विशेषांक का मैटर तैयार होता, प्रत्यूष को

एक अजीब अनुभूति होती। उसमें व्यंग्य, विद्रूप, हास्य और करुणा सब कुछ होता।

शाही चिकेन के प्रूफ पढ़ने के बाद जब वह अपना टिफिन बॉक्स खोल कर आलू बैगन के साथ पराठा खाता तो कभी निराशा कभी हँसी का दौरा पड़ जाता उसे। अपने सहयोगियों का जब उसने इस बात पर ध्यान खींचा वे बहुत हँसे। अब तो वे सब यह करने लगे थे कि अपना-अपना टिफिन खोलने के बाद वे मेज पर शाही चिकेन की रंगीन तस्वीर रख लेते और उसे देखते हुए अपने पराठे निगलते।

दूसरी तरफ प्रिया में कुछ ऐसी हास्यास्पद व्यंजन विधियां छपती थीं, जिन्हें बनाना वाकई हौसले का काम था। जैसे बासी चावल का कटलेट, बची हुई तरकारी के समोसे, शकरकंद के गुलाब-जामुन और करेले की चमचम। अब यह सोचने की बात थी कि क्या कोई गृहिणी इतनी दिलेर हो सकती है कि बासी चावल में किशमिश और बादाम मिला कर कटलेट बनाये।

महिलाओं के लिए पत्रिकाएं इधर इतनी बढ़ती जा रही थीं कि प्रिया पाक्षिक को कड़ी चुनौती का सामना करना था। सारा स्टाफ जी-तोड़ मेहनत कर रहा था। ऐसी हालत में हर अंक को विशेषांक बनाया जा रहा था। इससे कम-से-कम उस अंक की बिक्री की गारंटी हो जाती थी। मैंगजीन लौट कर नहीं आती थी। 'प्यार दुलार विशेषांक', 'साज सिंगार विशेषांक', 'सुखी सुहाग विशेषांक' बहुत बिके थे, और स्टाफ के सदस्य आपस में कहते थे, अब उन्हें निकालना चाहिए, 'डांट-फटकार विशेषांक' 'सादगी विशेषांक' 'दुखी वैधव्यविशेषांक।' संपादक की शातिर सूझबूझ के कारण अक्सर स्टाफ के सुझाव केवल कलेवा कालीन लतीफे बने हुए थे।

इधर प्रत्यूष को तेजी से लगने लगा था कि वह अपनी मौलिकता खोता जा रहा है। पढ़ाई पूरी करने के बाद वह काम करना चाहता था पर ऐसा नहीं, जिसमें उसके मौलिक विचार भाषा और भाव दब कर रह जायें। दोस्तों की मंडली में वह पाता घूम-फिर कर उसके सारे जुमले, चुटकुले, तेवर रह रह कर प्रिया पाक्षिक के उद्धरण ही होते। दोस्त उस पर हँसते, 'तुम्हें तो प्रिया एक रोग की तरह लग गयी है प्रत्यूष! नष्ट हो जाओगे तुम!' प्रत्यूष हँसता, झेंपता पर अपने को संभाल न पाता, यह उसकी रोजी रोटी का सवाल था। शारीरिक स्तर पर नष्ट होने से अच्छा था कि वह इसी तरह वैचारिक स्तर पर नष्ट-भ्रष्ट होता जाये। उसके सामने आखिर रास्ता ही क्या था?

♦♦♦

अनुभव

इस बार रामू की नौकरी छूटी तो उसकी तबीयत भन्ना गई। लो बोलो, सच बोलो तो मुसीबत अब तक इसी शहर में पांच छः बार लगे लगाए काम छूटे तो झूठ बोलने के पीछे। इस बार यहाँ काम मिलते ही उसने कसम खाई थी कि झूठ एकदम नहीं बोलना है अब। आखिर कहीं तो आदमी टिक कर बैठेगा। सामने सर्दी का कटखन्ना मौसम है, सिर पर छत न होगी तो कैसे कटेगा। फिर यह घर उसे बहुत पसन्द आया था। सिर्फ दो प्राणी, साब और मेमसाब। न बाल न बच्चा। आने-जाने वाले बहुत कम। जहाँ रामू काम शुरू करे वहां टी० वी० हो, फ्रिज हो, और रामू को क्या चाहिए। शाम छः से नौ तक टी० वी० देखने को मिले तो रामू सरपट काम करता है।

एक नजर में रामू ने परख लिया, साब सीधे हैं, मेमसाब चंट। जाने क्यों हर घर में यही रहता है। साहबों से कोई परेशानी कभी नहीं हुई। सारी किट-किट मेमसाहबों से रहती है। रामू का काम ही ऐसा है कि उसका पाला मेमसाहबों से ही पड़ता है। कई बार उसने चाहा कि कोई साहब उसे दफ्तर में चपरासी की जगह पर रख ले पर उसकी यह तमन्ना कभी पूरी न हुई। हर बार उसे यही जवाब सुनने को मिला, तुम्हें दफ्तर में रख लेंगे तो घर का काम कौन करेगा? कभी उसका काम ज्यादा पसन्द आया इसलिए, कभी कम पसन्द आया इसलिए, उसे चपरासीगिरी नहीं मिली। हर बार वह उम्मीद बांधता हर बार उसकी उम्मीद टूटती।

जहाँ तक काम छूटने की बात थी, रामू ने खुद कभी कहीं काम नहीं छोड़ा। काम ही उसे धोखा दे जाता। ग्रेटर कैलाश की कोठी से उसे इसलिए जवाब मिल गया क्योंकि वह टमाटर सोलह रूपये किलो के भाव से खरीद लाया था जबकि टमाटर बारह रुपये किलो खुले आम बिक रहे थे। कालकाजी वाले बंगले में बाबा की गेंद न ढूंढ़ पाने की वजह से उसकी छुट्टी हो गयी। सुन्दर नगर वाला काम एडवान्स मांगने के जुर्म में छूट गया जबकि डिफेन्स कालोनी वाले साहब का खुद ही तबादला हो गया। इसी जंगपुरा में सी-ब्लाक में अग्रवाल साहब के यहाँ से उसे आठ ही दिन में जवाब इसलिए मिल गया, क्योंकि बीबी जी का कहना था रामू की खुराक बहुत ज्यादा है। बीबी जी रोज ही मुंह सुजा कर उसे रोटी देती और जो उनके घर आता उसी से उसकी खुराक का रोना रोती, 'पूरे हाथी की खुराक है हमारे नौकर की।' रामू को बहुत बुरा लगता। इसलिए जब आठ दिन बाद बीबी जी ने खुद ही उसका हिसाब कर दिया उसे चैन मिला। अब यह तो हो नहीं सकता कि रामू काम करे पूरा और खुराक खाए आधी। इस घर में ऐसी कोई किच-किच नहीं थी। रसोई में रामू का एकछत्र राज्य था और काम भी हल्का। मेमसाब भूलकर भी कभी कोई रसोई में नहीं झांकतीं। लेकिन यहाँ दूसरा ही मामला था।

दरवाजे के बाहर से अपनी दरी, रजाई, तौलिया और पैंट-शर्ट समेटते हुए रामू ने तय किया अब वह कहीं काम नहीं करेगा। यह क्या कि न कोई भूल हुई न गलती और खड़े-खड़े उसका हिसाब साफ। घरों में काम करके कहीं गुजारा चलेगा उसका। अब वह कोई फुटकर काम करेगा। ज्यादा दिक्कत हुई तो वापस गोरखपुर चला जायेगा। यों घरों में काम की उसे कोई किल्लत नहीं। इसी बिल्डिंग में 205 नं० वाली मेमसाब के पास जा कर वह काम माँगे तो वे निहाल हो जायें। कई बार जब उसने उनका आटा पिसवाया, वे बोलीं, 'अरे रामू क्या देते हैं तुम्हारे साब तुम्हें, सिर्फ सौ रुपये ही न। मैं तुम्हें एक सौ चालीस दे दूं, तुम आकर तो देखो मेरे यहाँ।' पर रामू की उनके यहाँ जाने की कभी इच्छा ही न हुई। उसकी सबसे बड़ी वजह यह थी कि 205 नं० के बच्चे बड़ी

राक्षस तबीयत के थे जिनके कारण उनके घर कोई नौकर कभी टिकता न था। दूसरे 205 नं० मेम-साब की आवाज इतनी मोटी, भर्राई हुई थी कि रामू से बर्दाश्त न होती थी। तीसरे वह घासफूस खाने वाला घर था जहाँ आदमी अंडे को भी तरस जाये।

प्राइवेट बस में अपना सामान लाद, रामू लाल किला आ गया। उसे लगा उसकी जेब में जो आखिरी तनखा के सौ रुपये हैं उनसे नई दिल्ली में तो गुजर मुश्किल है, उसे पुरानी दिल्ली में ही जाकर टिकना चाहिए। दो-चार हफ्ते मस्ती काटेगा, न हुआ तो किसी दुकान या ढाबे में काम पकड़ लेगा।

चाँदनी चौक पहुँचने तक शाम खत्म हो चुकी थी। चारों तरफ कोहरा था। रामू को रजाई का बोझ लेकर घूमना बहुत भद्दा लग रहा था। साहबों के घर रह-रहकर रहन-सहन के मामले में रामू कुछ तुनकमिजाज हो चला था। पर ठंड उसे लगातार पाठ पढ़ा रही थी कि बच्चू रजाई छोड़ दी तो दुनिया भी छोड़ चलोगे, कुल्फी जम जाएगी। यों यहाँ जंगपुरे से कम ठंड थी पर ज्यादा लग रही थी क्योंकि वह खुले में घूम रहा था। यहाँ की हवा में पुरानी दिल्ली की गन्ध थी। दुकानें जगमगा रही थीं, खोमचे कुमकुमा रहे थे। भीड़ उतनी नहीं थी, जितनी चांदनी चौक में होनी चाहिए थी, शायद ठंड की वजह से।

आखिर रामू ने सेंट्रल बैंक की चौड़ी सीढ़ियों के ऊपर बने चबूतरे पर डेरा डालने की सोची। चबूतरा सुनसान नहीं था। एक ओर आठ दस मजदूर गोल घेरा बनाए बीड़ी पी रहे थे। उनसे थोड़ा हटकर एक नाई अपनी लोहे की सन्दूकड़ी खोलकर अपना उस्तरा-आईना साफ कर रहा था बरामदे की दीवार से सटी एक औरत अपने बच्चे को छाती से चिपकाए दूध पिला रही थी। उसने धोती का आँचल अपनी नाक तक लपेटा हुआ था जिससे उसकी शक्ल और उम्र के बारे में कोई अनुमान नहीं लग रहा था। चौकीदार का कहीं नामोनिशान न था। जिस तसल्ली से सब लोग वहाँ जमे बैठे थे उससे रामू को यही लगा कि यहाँ कोई रोकटोक नहीं है।

बरामदे से थोड़ा हटकर उसने अपना बिस्तर बिछा लिया। दरी बिछाई, रजाई रखी और बाकी बचे दो-तीन कपड़े लपेट कर सिरहाने रख लिए। बिस्तर पर रामू बैठा तो बिस्तर बड़ा ठंडा और सख्त लगा। रोज वह बैठक में दीवान पर सोया करता था जिस पर चार इंच का फोम वाला गद्दा था। पहले उसे पीछे वाले कमरे में सुलाया जाता था जहाँ बगल में गुसलखाना भी था। पर जब से सामने की बैठक से चांदी के दो फूलदान रात में चोरी हुए, उसे चौकीदारी के खय़ाल से बैठक में सोने का हुक्म हो गया। टी० वी० पर आखिरी कार्यक्रम देखने के बाद साब-मेमसाब अपने बेडरूम में चले जाते और रामू स्टोर से अपनी रजाई निकाल आराम से दीवान पर लेट जाता। कभी-कभी कोई मेहमान आ जाता तो उसे वापस पिछवाड़े सोना पड़ता। दीवान मेहमान को मिल जाता। पर ऐसा कभी-कभी ही होता।

रामू को जरा भी नींद नहीं आ रही थी। इस वक्त बमुश्किल साढ़े आठ बजे थे। रामू को चित्रहार याद आया। यह प्रोग्राम उसे बहुत पसन्द था क्योंकि कई पिक्चरों का मजा उसे इस आध घंटे में आ जाता। अभी कल ही तो वह सामने वाले फ्लैट के जंगबहादुर से शान मार रहा था कि अगर वह चित्रहार न देखे तो उसकी तबियत साब मेमसाब को खाना खिलाने की नहीं होती। जंगबहादुर जिस घर में काम करता था, वहाँ टी० वी० नहीं था इसलिए जब तब उसे बिल्डिंग के बाकी नौकर शर्मिन्दा किया करते थे। सभी नौकर दोपहर में बिल्डिंग के अहाते में बीड़ी पीने इकट्ठे होते। यह समय उनके आराम और मनोरंजन का होता था। सभी नौकर अपने-अपने साब की हैसियत को अपनी हैसियत समझ कर बर्ताव करते। इसी तरह उन्होंने आपस में अजब ऊँच-नीच और बहस पैदा कर ली थी। रामू शान मारता था कि वह खड़े होकर बर्तन साफ करता है, बैठ कर काम करने से जीन्स गन्दी हो जाती है। इकबाल का कहना था कि अगर गोश्त न पके रोटी उसके गले से नीचे नहीं उतरती। गुलाबदीन बताता था कि उसके घर में सारा खाना शुद्ध घी में पकता है, वनस्पति घी खाने से साब तो क्या खुद गुलाबदीन का गला खराब हो जाता है।

रामू को हँसी आ गई। कल तक वह जंगपुरे के उस शानदार फ्लैट को अपना घर कहा करता था और उस पते को अपना पता माना करता। आज उसके पास न पता था न ठिकाना। उसने एक बार फिर अपनी कसम को कोसा। जिसकी वजह से वह सच बोलकर सजा पा गया। पर वह बात ही ऐसी थी कि रामू कभी झूठ न बोलता, कसम न खाई होती तब भी। यह बात खुद उसे कई दिनों से तिलमिला रही थी। उसका मन घिन से भरा हुआ था।

हुआ यह कि साब-मेमसाब में कई दिनों से लगातार अनबोला चल रहा था। रामू से ज्यादा और किसे पता होता। साब के दफ्तर चले जाने पर मेमसाब भी तैयार होकर बाहर चली जाती। जब वह लौटकर आती तो अकेली न होती। उनके साथ कीमती सूट पहने एक अधेड़-सा आदमी रोज आता जिसे मेमसाब डिपो पुकारती थी। रामू को यह सब बेहद नागवार लगता। उसके अपने साब इस डिपो साब से हजार गुना अच्छे थे पर उनसे मेमसाब कभी सीधे मुंह बात न करती। जो कहना होता रामू से कहती ताकि साब सुन लें। साब को मेमसाब से जो कहना रहता, वे भी रामू से कहते। रामू न होता तो वे आपस में बातचीत कैसे करते, कहना मुश्किल था।

आज शाम साब जरा जल्दी घर आ गए। उन्होंने दो की जगह चार पैग पी लिए और गुस्से में बोले, 'आज फैसला हो जाय कि तुम मेरी बीबी हो या उस बेवकूफ बजाज की?'

मेमसाहब उबलकर चिल्लाई, 'तुम्हारा दिमाग खराब हो गया है?

'और तुम्हारा दिल!' साब ने कहा, 'तुम्हें शर्म नहीं आती नाटक करते? मैं तुम्हारे चेहरे की रंगत देखकर बता सकता हूँ कि तुम उससे रोज मिलती हो। मेरे सामने तुम्हारी तबीयत खराब रहती है। मेरे जाते ही तुम उसे फोन कर बुला लेती हो।'

'यह बिल्कुल झूठ है,' मेमसाब चीखीं, 'सत्ताईस तारीख के बाद न वह आया न उसका फोन। वह तुम्हारा दोस्त है तुम जानो।'

तब साब रसोई में रामू के पास आए। पास ही थी रसोई और इतनी देर से रामू हाथ रोककर उन दोनों की बात ही सुन रहा था। साब उसे

तकरीबन घसीटते हुए बेडरूम में ले आए जहाँ मेमसाब मुँह बनाए बैठी थी।

'रामू अगर तेरे अन्दर जरा-सा भी ईमान बचा है तो बता दे वह डिपी साहब घर पर आते हैं या नहीं?' साब दहाड़े।

रामू की बड़ी मुश्किल ! क्या करता ! कैसे झूठ बोलता ! एक तो कसम खाई हुई थी। दूसरा उसका समूचा चेहरा काँप रहा था, सच बोलने के लिए। उसे खुद मेमसाब पर कितना गुस्सा आता था। इस बेवकूफ डिपी साहब के पीछे वह अपना सोने जैसा आदमी नहीं पहचान रही थी। फिर रामू झूठ कैसे बोलता जब अभी चार बजे शाम उसने डिपी साहब के लिए चाय बनाई थी और उनके जाने के बाद मेमसाब के कहने पर बिस्तर की चादर भी बदली थी।

जैसे ही रामू के मुँह से निकला, 'साब वह तो हर रोज आते हैं एक बजे और चार बजे जाते हैं।'

मेमसाब कटखनी बिल्ली की तरह उस पर झपटी, 'झूठा, मक्कार, नमकहराम।' मेमसाब शायद उसका गला दबा देती पर साब ने बीच में मेमसाब को धक्का देकर बिस्तर पर गिरा दिया।

कहने के बाद रामू डर गया। साब ने पेंट में से अपनी चमड़े की पेटी निकालनी शुरू कर दी थी। मेमसाब ने एक बार उठकर दरवाजे से बाहर निकलने की कोशिश की। साब ने मेमसाब को फिर धक्का देकर बिस्तर पर गिरा दिया। फिर साब, रामू को लाल गुस्सैल आँखों से देखकर दहाड़े, 'यू गेट हाउट।'

रामू वापस जाकर रसोई में दुबक गया लेकिन उसके कान कमरे की ओर लगे रहे।

कमरे से अब चीत्कार आनी शुरू हो गयी थी। कुछ देर रोना और सिसकियाँ उसके बाद सब शान्त हो गया। खाना बनाना जहाँ का तहाँ रोक रामू रसोई में ही एक कोने में दुबक गया। मार मेमसाब को पड़ रही थी और रोना रामू को आ रहा था। ऐसी जालिम लड़ाई तो उसने कभी अपने घर पर भी नहीं देखी थी। उसकी माँ और बाबू के बीच दिन में

दस बार झिकझिक होती, पैसों को लेकर, बच्चों को लेकर, रोटी को लेकर पर कभी चाल-चलन को लेकर वे झगड़े हों, रामू को याद नहीं। इस समय रामू को लगा उसके माँ बाप अनपढ़ और गरीब होकर भी कितने सुखी हैं।

अचानक किसी ने उसे झंझोड़ कर उठाया। उसकी आँख लग गई थी और वह कोने में ही लुढ़क गया था। हड़बड़ाकर वह जागा तो उसे लगा उसके सामने साक्षात् कालीमाई खड़ी हैं। मेमसाब बाल बिखेरे, धोती कमर से लपेटे, विकराल मुद्रा में उसके सामने खड़ी थीं और चिल्ला रही थीं, 'चल निकल, निकल यहाँ से, दफा हो जा ! खबरदार जो कभी इस बिल्डिग में दिखा, नीच !' मेमसाब के होंठ और माथे से खून टपक रहा था। एक आँख सूज आई थी। गुस्से के कारण वह काँप रही थीं। मेमसाब ने दरवाजा खोल पहले उसे बाहर धकेला, बिल्कुल कुत्ते की तरह। फिर उन्होंने उसका सामान बाहर फेंकना शुरू किया। रामू ने भी अब शर्म-लिहाज छोड़कर जुबान खोली, 'हिसाब कीजिए मेरा, नहीं तो अच्छा न होगा।'

'कमीने मैं तुझे एक पैसा नहीं देने वाली।' मेमसाब ने दाँत पीसे।

'मैं भी साब को सब कुछ बता दूँगा, अभी तो बहुत बातें बाकी हैं।' रामू ने भड़ककर कहा।

मेमसाब ने पहले एक बहशी मुद्रा में रामू को घूरा फिर न जाने क्या सोच, अन्दर चली गईं। जल्दी ही लौट कर उन्होंने सौ का एक नोट उसके ऊपर फेंक भड़ाम से दरवाजा बन्द कर लिया। जाने साब कहाँ थे, एक बार भी निकल कर नहीं आये।

इस वक्त यहाँ ठंड में बैठे-बैठे रामू को साब-मेमसाब पर अचम्भा हो रहा था। बड़े लोगों की बातें कितनी अजब और पेचीदा होती हैं। जो इनके बीच बोले वह मरे। सच्ची-सच्ची बोलकर कोई इनके बीच रह सकता है भला ! जब मेमसाब बम्बई जाती हैं साब लताबाई को बुला लाता है और साब जब दफ्तर जाता है तो मेमसाब उस डिपी साहब को पकड़ लाती है। रामू यह सब जानता है तो रामू नीच है।

रामू की उम्र ज्यादा से ज्यादा अठारह-उन्नीस बरस थी। उसका कद ठिगना और हाथ-पाँव मजबूत थे। नाक कुछ चपटी थी, रंग गेहुँआ। चेहरे पर कहीं-कहीं चेचक के हल्के दाग थे। पर रामू ने कभी अपनी शक्ल पर गौर नहीं किया। दिन में जब टी० वी० चालू हालत में न होता वह उसके स्क्रीन में अपना चेहरा देख बड़ा खुश होता मानो वह खुद प्रोग्राम में शामिल हो। पाँच साल पहले वह गोरखपुर से दिल्ली आया था, तब से अब तक यह उसकी सातवीं नौकरी छूटी थी। पहली नौकरी उसे पहले ही दिन एक परिचित की सिफारिश पर मिल गई। तब से वह कभी सड़क पर नहीं रहा। एक छूटी, दूसरी मिल गयी। आज अपने सामान समेत वह पहली बार सड़क पर था। गोरखपुर में वह कभी सड़क पर नहीं सोया था, गर्मियों में भी नहीं। घर में ढीली ही सही, उसके पास एक खटिया थी; टूटा ही सही, सिर पर छप्पर था। आज उसे लगा वह उस दिन से भी बुरे हाल में है जब वह घर से दिल्ली आया था। इन पाँच बरसों का हिसाब अगर वह करे तो उसने क्या खाक कमाया। महीने में मुश्किल से पचास रूपये घर भेजे और जमा पूँजी सिफर। इस लम्बे-चौड़े चकाचौंध भरे शहर में अपना कहने लायक कुछ भी तो नहीं रहा कभी, न घर न द्वार, न पता न ठिकाना। इससे ज्यादा सुखी तो वह अपने उजड्ड शहर में रह लेता, कुछ नहीं तो सब्जी बेच लेता, पंक्चर लगा लेता या बोझा ढो लेता। पर फिल्में देख देख कर उसकी बुद्धि भ्रष्ट हो गई थी तभी तो उसने सोचा कि किस्मत बनाने के कारखाने केवल कलकत्ता, बम्बई और दिल्ली में लगे हैं।

धीरे-धीरे काफी अँधेरा हो गया। ठंड भी बढ़ गई। हवा में नमी थी मानो पानी बरसेगा। रामू के बदन पर स्वेटर था लेकिन ढीला और पुराना होने के कारण उससे उसे कोई गरमाई नहीं मिल रही थी। इतनी देर रजाई के अंदर रहने पर भी उसके पैर गर्म नहीं थे। रजाई की रुई जगह-जगह से टूटकर सिमट गई थी। यह रजाई उसकी पांचवीं नौकरी की यादगार थी। उस परिवार के बूढ़े बाबा जब मरे तो उनका गद्दा, तकिया और चादर दान कर दिये गये। बचत के खयाल से रामू के लिए गर्म लिहाफ का प्रबन्ध मृत बुजुर्ग की रजाई से कर दिया गया। रजाई

पहले ही काफी पुरानी थी। अब इस बात को भी ढाई साल हो चुके। गर्मियों में रामू इसे गद्दे की तरह बिछा लेता था और सर्दियों में ओढ़ लेता। चादर के बारे में उसने न कभी सोचा न जुगाड़ किया। यह मैली चीकट रजाई जो साहबों के धरों में रखी कितनी मनहूस, मटमैली और मुसीबत लगा करती थी आज उसे शाही बिस्तर का आराम दे रही थी। यह भी न होती तो वह क्या करता, रामू ने काँपते हुए सोचा।

दूर बैठी औरत भी ठंड से काँप रही थी। उसके ऊलजलूल उलझे हुए बालों पर हल्की-सी रोशनी पड़ रही थी। बच्चा उसने पूरी तरह गोद में छुपा लिया था मानो उसे वापस गर्भ में पहुंचा रही हो। फिर भी वह रो रहा था। औरत की नजर सहसा रामू की नजर से मिली। वह लपककर उसके पास आई और घिघियाते हुए बोली, 'मुन्ना मर जायेगा बाबू, इसे अपने साथ सुला लो।'

बच्चे के फटे चीथड़े देख रामू उसे दुत्कारने ही वाला था कि औरत ने उसकी अनुमति का इन्तजार किए बिना बच्चा उसकी रजाई में लिटा दिया। रामू परहेज से थोड़ा सरक गया। वह शोर नहीं मचाना चाहता था पर उसने सोचा कल से वह किसी दूसरी जगह बिस्तर लगाएगा। यह भी क्या तरीका हुआ कि जबरदस्ती सिर पर लद गए। अपनी रजाई के अन्दर भी आजादी नहीं।

बच्चे में शायद रोने की ताकत भी खत्म हो चली थी। वह थोड़ी देर मिनमिनाकर, हाथ-पांव पटकता रहा। रजाई के ऊपर से उसकी माँ उसे थपकती रही फिर शायद वह सो गया। औरत वापस बरामदे की तरफ चली गयी।

रामू ने मुँह ढँक लिया। जल्दी ही नींद आ गई। बीच रात गुल-गुले नरम स्पर्श से वह जाग उठा। बच्चा सरक कर उसकी तरफ आ गया था। उसकी नन्हीं-नन्हीं टांगे रामू के पेट पर थी। रामू ने चाहा बच्चे को एक तरफ हटा दे पर वह ऐसा न कर सका। बच्चा गहरी नींद में था। उसके शरीर से बड़ी कच्ची-कच्ची खुशबू आ रही थी, सोंधी और सुखद। रामू ने अनजाने ही बच्चे की हथेली अपने हाथ में ले ली। शायद

अजनबी हाथ के स्पर्श से या यों ही, बच्चा चौंककर जाग गया। वह माँ करके रोने लगा। फौरन किसी कोने से उसकी माँ आ पहुँची और उसे थपकने लगी। रामू निश्चल पड़ा रहा बिना जताए कि वह जाग रहा है।

लयबद्ध थपकी देते-देते औरत ने कहा, 'बड़ी ठंड है, आज तो बरफ पड़ रही है।' बिना उत्तर की परवाह किए, औरत ने पहले अपने हाथ रजाई के अन्दर कर लिए, फिर पैर भी। वह बच्चे से चिपक गई।

भय, संकोच और ऐतराज के मारे रामू रजाई से बाहर निकल पड़ा। यह एक नई स्थिति जिसके लिए वह कतई तैयार नहीं था। तत्काल पेशाब जाने की जरूरत महसूस हुई। सीढ़ियां उतरकर वह सड़क किनारे बैठ गया। हल्का होने के साथ-साथ ठंड का तीखा एहसास हुआ। उसने हाथ स्वेटर के अंदर छुपा लिए, फिर भी वह काँप रहा था। उससे खुले में न बैठा गया। वह वापस बिस्तर तक आया। ठंड के मारे आस-पास के लोग न जाने कहाँ चले गये थे। कुछ देर पशोपेश में वह आधा झुका खड़ा रहा, फिर वह बिस्तर में घुस गया।

हालाँकि पंजे और हथेलियाँ बेहद ठंडी थीं, बाकी शरीर को बिस्तर में बेतरह तसल्ली मिली। इस वक्त रामू को न आने वाले दिनों की चिन्ता सता रही थी न बीते हुए दिनों का गम। देह, दिल, दिमाग तीनों केवल ठंड से लड़ने की तैयारी में लगे हुए थे। वह रजाई में सिमट गया। ठीक ढंग से अपने को रजाई के अन्दर करने में उसके पैर औरत के पैरों से छू गये। पैर खुश्क और खुरदुरे लगे जैसे उन पर काँटे उगे हों। रामू ने फौरन अपने पैर हटा लिये लेकिन वह एक निःशब्द सुख से भर गया। उसकी जिन्दगी का यह पहला स्त्री-स्पर्श था, एक ऐसी स्त्री का जिसे न उसने देखा था, न जाना।

रामू को झपकी लग गई। सोते-सोते उसे सपना आया कि उसके पास एक छोटा-सा क्वार्टर है और पक्की नौकरी-चपरासी की। उसे दफ्तर से वर्दी और साइकिल मिली हुई है। घर में बिस्तर पर वह बैठा हुआ है, उसने दफ्तर की खाकी वर्दी पहनी हुई है। पास ही उसकी पत्नी बैठी, चूल्हे पर आलू-टमाटर की सब्जी छौंक रही है, ताक पर रखा

ट्रांजिस्टर फिल्मी गाना सुना रहा है और पास ही उसका बच्चा गुब्बारे से खेल रहा है।

सपने की सम्पूर्णता के साथ-साथ नींद की झपकी भी शायद पूरी हो गयी। रामू के ऊपर से रजाई हट गई थी। उसने गुस्से और तकरीबन बेरहमी से रजाई अपनी ओर खींची। औरत शायद जागी हुई थी, वह हड़बड़ाकर रजाई से बाहर निकल गई।

औरत ने बरामदे का एक चक्कर लगाया। वहां अंधेरा, ठंड और वीरानी थी। उसे तीनों से डर लगा। वह वापस बिस्तर के पास आकर बैठ गई। उसने अपनी बाहें ढाँप लीं लेकिन ठंड जैसे दाँतों में समा गई थी। उसके दाँत बजने लगे। यकायक उसे खाँसी उठी, पहले धीमे, फिर जोर-जोर से, जैसे कोई उसके फेफड़ों में कंकड़ भरकर हिला रहा हो। औरत खाँसते-खाँसते दोहरी हो गयी।

रामू से बरदाश्त न हुआ। उसने रजाई में से मुँह निकाल कर कहा, 'अन्दर आ जाओ, ठंड लग जाएगी।' औरत उठकर उसके पास आ गई लेकिन रजाई में नहीं। रामू ने रजाई थोड़ी-सी खींच उसके पैरों पर डाल दी। खाँसी रुकने पर औरत लेट गई, पास लेकिन अलग। अँधेरा बहुत घना था, रजाई में और भी ज्यादा। रात शायद अभी बाकी थी क्योंकि तारे अभी चमक रहे थे।

लेटे-लेटे रामू को औरत की मौजूदगी तो पता चल रही थी, उसकी शक्ल और उम्र नहीं। हालाँकि वह उससे एकदम अलग लेटा था, उस ओर से जैसे गर्मी का आभास मिल रहा था। पहले रामू ने सोचा वह जेब से माचिस निकालकर तीली जला, औरत की सूरत देखे, फिर उसे आलस आ गया। धीरे-धीरे अँधेरे में उसे लगने लगा जैसे औरत उसी की उम्र की है, उस जैसी लगती है और उसकी जाति की है। उसने धीरे से पूछा, 'भगवान को मानती हो?'

'ठंड बहुत है।' औरत ने सिकुड़ते हुए जवाब दिया।

'कहाँ रहती हो?'

'ठंड बहुत है।' औरत ने फिर जवाब दिया।

रजाई तीनों के लिए छोटी थी। ठंड वाकई ज्यादा थी। औरत अपनी देह रजाई के अन्दर रख सकने के लिए लगातार हिल-डुल रही थी। रामू का शरीर भी विचलित हो उठा। एक इन्सानी जिस्म लगातार उसके जिस्म से छू-टकरा रहा था। औरत की बाकी देह उसके पैरों जैसी सख्त और खुश्क नहीं थी। वह हरी घास जैसी सघन और मुलायम थी।

रात के घुप्प अँधेरे में, रजाई के अन्दर, उस वक्त रामू को कई-कई बातें पता चलीं, कि लाख पाला पड़े, जिस्म की एक किस्म रजाई से भी ज्यादा गर्मी देती है, कि कामकाज की थकान देह तोड़ती है तो यह थकान देह जोड़ती है, कि कल तक वह एकदम अनाड़ी और बेवकूफ लड़का था, आज इस वक्त से वह पूरा मर्द है। जल्द ही वह गहरी नींद सो गया।

दिन भरपूर निकल आया। रात का कोहरा और हवा एकदम गायब हो गए। यह एक उजली, अच्छी सुबह थी, धूप की उम्मीद लिए।

बैंक के अन्दर से चौकीदार निकलकर आया। उसकी नींद पूरी हो चुकी थी और वह चौकीदार की जिम्मेदारी से भरपूर भरा हुआ था। जैसे ही उसने बरामदे के पास बिस्तर लगा हुआ देखा वह भड़क गया। पैर की ठोकर से रजाई उघाड़ते हुए वह झल्लाया, 'साले, पूरा कुनबा लाकर डेरा जमाए है। चलो भागो यहाँ से, चोर-उचक्के कहीं के।'

रामू की आँख तो तब भी न खुली पर बच्चा और उसकी माँ फौरन जाग गए। वे रोज ऐसी ही झिड़कियों से जागने के आदी थे। औरत ने हाथ जोड़ दिए, 'बाबूसाब थोड़ा सबर करें, अभी चले जाते हैं, आपकी मेहरबानी।'

बच्चा रोने लगा तो उसने बच्चे के मुँह में दूध लगा दिया। धोती का आँचल दोहराकर उसने बच्चे का सिर छुपा लिया। पेट भरते ही बच्चे ने आँचल-वाँचल फेंककर अपना सिर बाहर निकाला। उसने अपनी नन्हीं, काली और चमकीली आँखों से चारों तरफ देखा और फिर माँ से चिपक गया।

औरत ने बच्चे को बिस्तर के किनारे बैठा दिया। फिर वह बरामदे के उस तरफ गई जहाँ उसकी फटी कथरी और मैली गठरी रखी थी। औरत ने सामान सरकाकर बिस्तर के पास कर लिया। इतनी देर में बैंक में झाड़ू लगाने वाला जमादार भी काम पर आ गया।

इन सब को देख कर वह बड़बड़ाया, 'इनके बाप का राज है यहाँ, चले आते हैं रात काटने। गन्दा ये करते हैं, डाँट हमें पड़ती है। ऐ उठो, चलो यहाँ से।'

बाहरी आदमियों के सामने औरत यह नहीं जताना चाहती थी कि वह रजाई में सोये आदमी को नहीं जानती। उसने रजाई के ऊपर से हिलाते हुए रामू को जगाया, 'सुनो उठो, ये लोग कह रहे हैं...'

रामू हड़बड़ाकर जाग गया। पक्की, गहरी और सुख की नींद के बाद आयी ताजगी से उसका चेहरा चमक रहा था।

औरत ने रामू को उठा देखकर इतमीनान की साँस ली। वह नहीं चाहती थी कि यह मेहरबान आदमी चौकीदार की ठोकरों से जागे। उसने बच्चे को छाती से चिपका लिया। और फिर झुक कर गठरी में से अपना अल्युमिनियम का कटोरा निकालने लगी। कटोरा जगह-जगह से दुचका हुआ था।

एक कन्धे पर गठरी, कथरी और दूसरे पर बच्चा लिए, हाथ में कटोरा पकड़े जैसे ही वह औरत काम पर जाने को मुड़ी, रामू ने कड़क कर आवाज लगाई, 'आज से तुम भीख मांगने नहीं जाओगी, समझीं।'

उसकी आवाज ऐसी थी कि चौकीदार और जमादार भी उस तरफ देखने लगे। औरत ने एक बार रामू की तरफ देखा। फिर बड़े आत्मविश्वास से उसने कटोरा सड़क पर फेंक दिया।

♦♦♦

पहली

'पापा मेरी दो महीने की फीस। नोटिस निकला है, पन्द्रह तक जरूर जमा होनी है।'

'पापा मेरा नया बस्ता। पुराना एकदम फट गया है।'

'पहले तुम महरी और धोबन के पैसे दे दो जी, बड़ी किच-किच करती हैं दोनों, अगर पहली को हाथ पर न धरो।'

'ये लो राजू और ये लो पप्पू। और यह रहा घर खर्च का पाँच सौ। ये दो सौ दूध के, पैसठ रुपये बिजली के, ये दो सौ मकान का किराया।'

'अम्मां रिक्शेवाले का तो तुम भूल ही गयी। इस बार दो महीने का लेगा।'

'अरे हाँ, रिक्शेवाले को अस्सी देना है।'

'पापा !'

'हाँ बेटे।'

'आज पहली है न !'

'हाँ बेटे।'

'याद है न आपने कहा था, पहली को रसगुल्ला खिलाएंगे।'

'ये लो दो रुपये। दोनों भाई जाकर अप्पूजी की दुकान से खा आओ।'

'पापा आप?'

'हमें अच्छा नहीं लगता रसगुल्ला।'

'क्यों?'

'बहुत मीठा होता है न, इसलिए।'

'हूँ, हमें तो मीठा बड़ा अच्छा लगता है, पापा।'

'अम्माँ तुम?'

'मेरे दाँत में दर्द है, मीठा नहीं झिलता।'

'सुनो।'

'क्या?'

'तीन साल से बहनों को राखी का नेग नहीं भेजा।'

'तो?'

'इस बार इसमें से जरूर भेज देना।'

'गिने-गिनाये तो पैसे दिये हैं तुमने, क्या भेजूँ और क्या रखूँ!'

'अच्छा एक को इस बार भेज दो, एक को अगली बार दे देंगे।'

'नाना बाबा ना, जिया को पता चला तो मेरी चुटिया उखाड़ लेंगी।'

'यह कहना जरूरी था तुम्हारे लिए।'

'तुम्हें क्या? भुगतना तो मुझे पड़ता है।'

'दरअसल तुम चौके में ज्यादा खर्च कर देती हो।'

'क्या ज्यादा कर देती हूँ। तुम पांच सौ में घर चला कर दिखाओ तो जानूं। दस दिन में रो जाओगे।'

'पापा, पापा।'

'आ गये बेटे, कैसा था रसगुल्ला?'

'बहोत मीठा। पापा वहाँ एक आदमी खड़ा रसगुल्ला खा रहा था। जैसे ही उसने रसगुल्ला मुँह में डाला, फुच्च से सारा रस बाहर। उसका सारा कुर्ता खराब हो गया।'

'तेरे ऊपर छींटे तो नहीं पड़े।'

'नई अम्मा, हम तो दूर खड़े थे।'

'पापा।'

'बेटे, अब चुप बैठो, हमें समाचार सुनने दो।'

'अम्मा, खाना।'

'चलो देती हूँ।'

'यह क्या वही सुबह वाली दाल, सुबह वाली सब्जी।'

'तो क्या हुआ? सुबह का खाना शाम तक बासी नहीं होता।'

'ऊँ ऊँ ऊँ, तुम तो पहली तारीख को खीर बनाती थीं।'

'तुम्हारे पापा ने आज पैसे दिये हैं, अब कल खीर पकेगी।'

'आज क्यों नहीं पक सकती?'

'आज घर में न चावल है, न चीनी।'

'अम्माँ।'

'हाँ।'

'तुम खिलाओ।'

'मुझे तुम्हारे पापा के लिए रोटी बनानी है।'

'पापा अभी नहीं खायेंगे? वे देर से खाते हैं।'

'तुम अपने आप क्यों नहीं खाते?'

'तुम्हारे हाथ से रोटी मीठी लगती है।'

'अच्छा बेटे, यह बताओ, तुम आज स्कूल क्यों नहीं गये?'

'बताएँ?'

'बताओ।'

'हमारा बस्ता फटा था, इसलिए।'

'कल जाओगे?'

'जरूर, कल तो हम सबसे पहले जायेंगे।'

'मैं बताऊँ, अम्मा, यह क्यों नहीं गया। इसने स्कूल का काम नहीं किया था।'

'झूठ, अम्मा, तुम हमारी कापी देख लो।'

'अच्छा-अच्छा, खाना खाओ। रोटी और लोगे?'

'नहीं अम्मा।'

'मैं अब जाऊँ?'

'अम्माँ, हमसे एक गलती हो गई।'

'क्या?'

'रसगुल्ला हमें रोटी के बाद खाना चाहिए था।'

'अब क्या? अब जो हो गया सो हो गया।'

'अम्मा मैंने इससे कहा था, घर ले चलते हैं रसगुल्ले, बाद में खायेंगे। पर यह माना ही नहीं, गप्प से मुँह में रख लिया।'

'चलो, बात खत्म हुई। बिस्तर बिछाओ और सो जाओ।'

'अम्माँ।'

'हां।'

'यह पहली इत्ती देर बाद क्यों आती है?'

'कहाँ देर से आती है बेटे! ठीक पहली को ही तो आती है।'

'नहीं, बहुत देर बाद आती है।'

'शुक्र है, आती तो है।'

'अम्माँ क्या सबके घर में पहली आती है?'

'हाँ, सबके घर।'

'कितनी अच्छी होती है पहली तारीख अम्माँ। अच्छा, अम्माँ अगर पहली तारीख न आये तो?'

'तो अनर्थ हो जाय बेटे। लोगों के घर चूल्हा जलना बन्द हो जाए।'

'अम्माँ थोड़ी देर खेल लें?'

'नहीं, अब सो जाओ। सुबह जल्दी उठना है, स्कूल जाना है। बहानेबाजी से काम नहीं चलेगा।'

'बिलकुल नहीं अम्माँ।'

'सुनो जी, तुम भी खाना खा लो।'

'खा लेंगे, जल्दी क्या है? थोड़ी देर मेरे पास भी बैठ जाया करो।'

'तुम्हें क्या, सुबह पाँच बजे तो मुझी को उठना पड़ता है।'

'तो क्या हुआ। अभी तो दस ही बजे हैं।'

'तुम्हारा बस चले तो रोज रतजगा करो।'

'अब आज पहली है। कुछ इश्क-मुहब्बत हो जाए पहले।'

'ना बाबा, मैं धाई।'

'क्यों?'

'उसके बाद तुम खाना माँगोगे। मुझसे तो उठा नहीं जायेगा।'

'अच्छा नहीं माँगूँगा, पहले पहली तो मना लें।'

'पहले खाना खा लो।'

'पहले पहली।'

'तुम तो मानते ही नहीं हो। बहुत ही लालच लगा रहता है तुम्हें।'

'जैसे तुम्हें नहीं रहता।'

'अच्छा यह बताओ, पहली को ही क्या पागलपन सवार रहता है तुम पर?'

'और किसी दिन सीधे मुँह बात भी तो नहीं करतीं तुम?'

'और तुम कैसे झल्ला-झल्ला कर पड़ते हो मुझ पर।'

'सच्ची बात तो यह है, कि पहली को प्यार भी कुछ अलग ही लगता है। बताओ तो कैसा?'

'मीठा-मीठा।'

'जैसी-तुम !'

'जैसे तुम।'

◆◆◆

नायक

इस शहर की अमित इसकी टूटी बत्तियों, बहते नालों और भिनभिनाती मक्खियों तक से पहचानता था। वह वर्षों से यहाँ रह रहा था। जब से पैदा हुआ न शहर बदला था न घर। जीवन पुरानी लुंगी की तरह नरम और आरामदेह था। सही समय पर सही नम्बरों से उत्तीर्ण होते-होते अमित एम० ए० तक पहुँच गया था। सुबह, दोपहर कॉलेज में बीतती और शामें सिविल लाइन्स में। अमित और उसके साथियों को हर नई खुलने वाली दुकान और हर नए खिलने वाले फूल की खबर होती, फिर वह चाहे पत्थर गिरजा में हो या हाथी पार्क में या हाईकोर्ट में।

जीवन की पाबन्दी मौसम ने भी सीख ली थी। गर्मी में डट कर गर्मी पड़ती और ठण्ड में ठण्ड। मौसम से सामना और बचाव खुद-ब-खुद बड़े ऑटोमैटिक स्तर पर हो जाता। कहने की जरूरत भी न पड़ती और घर में गर्मियों में आम का पना और पुदीने की चटनी बनने लगती। दिनचर्या कुछ ऐसे रखी जाती कि गर्मियों में दोपहर को और ठण्ड में रात को बाहर न निकलना पड़े। फिर भी कोई बहुत जरूरी काम आ पड़ता तो माँ गर्मी में टोपी पकड़ा देती और ठण्ड में ओवर कोट।

जब अमित एम० ए० के अन्तिम साल में था, उनके कालेज के हिन्दी विभाग में एक युवा प्रोफेसर नियुक्त होकर आए जिनकी विद्वत्ता के बारे में किसी को सन्देह नहीं था। उन्होंने आते ही विभाग की सील धूल झाड़ कर वहाँ का नक्शा ही बदल दिया। बृहस्पतिवार और शनिवार उन्होंने सांस्कृतिक आयोजनों के लिए निर्धारित कर दिए, अन्य

दिनों में लेक्चर के साथ-साथ उन्होंने एक पीरियड नियत किया जिसका नाम रखा 'बहस।' इस पीरियड में छात्र उनसे किसी भी टॉपिक पर खुली बहस कर सकते थे। इतने वर्षों से जहाँ हिन्दी विभाग एक फिसड्डी विभाग माना जाता रहा था, यकायक जैसे जीवनदान पा गया। अन्य प्रवक्ता मोहन दीक्षित को रश्क से देखने लगे। उनके लद्धड़पने को गहरा आघात पहुँचा। धीरे-धीरे बहस का पीरियड इतना जीवन्त, ज्वलन्त और सामयिक बन गया कि अन्य विभागों के छात्र भी उसमें हिस्सा लेने पहुँचने लगे। डॉ० मोहन दीक्षित के स्नेह और सम्मान में छात्रों ने उन्हें एक नया नाम दे दिया एम० डी०। एम० डी० के लिए छात्रों से घनिष्ठ सम्पर्क कोई नई बात न थी। वे अपने विश्वविद्यालय में भी वर्षों छात्र यूनियन के अध्यक्ष रहे थे। उनमें विद्वता और क्रान्तिकारिता का ऐसा तालमेल था कि छात्र प्रतिपल उनसे चमत्कृत रहते। अमित ने एम० डी० की बहस कक्षाओं में हिस्सा लेकर पाया कि वह एक बिल्कुल नए संसार में प्रवेश कर रहा हैं। उसके पाठ्यपुस्तकों से पथराए दिमाग को एम० डी० के विचारों ने गतिशीलता और दृष्टि दी। उन्होंने एक बार बिल्कुल विवेकानन्द शैली में बताया कि एक सीधी रेखा में तो पेड़ भी जीवन जिया करते हैं; रेलगाड़ी भी चला करती है, इसमें क्या खूबी है। जीवन का अर्थ है ज़ीवन्तता और जीवन्तता का मतलब है जोखिम। जिसकी जिन्दगी में जोश हो, खतरा उठाने की तैयारी हो, कुछ नया कर गुजरने की तड़प हो; वही नौजवान है, बाकी सब तो कल-पुर्जे हैं।

एम० डी० के विचारों का छात्रों पर गहरा असर हुआ। पहले ही सत्र में लड़कों ने तय कर लिया कि वे कालेज में हर प्रकार के जुल्म और जड़ता से टक्कर लेंगे। उन्होंने एक वरिष्ठ प्रोफेसर नित्यानन्द का घेराव कर डाला। घेराव का मुद्दा था प्रश्नपत्रों के बनाने में छात्रों का योगदान। घेराव के दौरान डीन, प्रोफेसर नित्यानन्द को तेरह घंटे बन्दी रखा गया। एम० डी० ने छात्रों को यह भी सिखाया था कि क्रान्ति का एक मानवतावादी पक्ष भी होता है। उसके तहत लड़कों ने प्रोफेसर

नित्यानन्द को रेस्तराँ से मँगाकर बटर चिकन और नान भी खिलाया और हर घंटे पर संतरे का रस भी पिलाया। प्रोफेसर नित्यानन्द शाम के वक्त ह्विस्की के दो पेग लिया करते थे। लड़कों ने उसका भी प्रबन्ध किया। और तो और, एक लड़के ने अपने डाक्टर चाचा को बुलाकर प्रोफेसर नित्यानन्द के रक्तचाप की जाँच भी करवाई। अन्ततः प्रोफेसर उनकी माँगे मान गए कि आगामी परीक्षा में चालीस प्रतिशत प्रश्न छात्रों द्वारा दिए गए सुझावों पर आधारित होंगे। उन्हें मुक्त कर दिया गया। प्रोफेसर नित्यानन्द ने प्रिंसिपल से शिकायत की कि यह सब एम० डी० के इशारे पर किया गया था। लेकिन प्रिंसिपल ने उन्हें एम० डी० की एप्लीकेशन दिखा दी जिसके अनुसार पिछले पाँच दिनों से वे राँची में थे।

एम० डी० के सम्पर्क और प्रभाव में अमित के मन में भी यह आकांक्षा उठी कि क्यों न जीवन को एक नए तरीके से जिया जाए। यह क्या कि पैदा हुए, पढ़ लिए, नौकरी पर लग गए, दफ्तर के दरबे में घुसे-घुसे अधेड़ हुए और एक दिन चल बसे।

यों अमित एक अच्छा छात्र था, बिना विशेष श्रम के उच्च द्वितीय श्रेणी में पास हो जाता। लेकिन अब उसकी दुनिया ही बदल गई थी।

नए निर्माण के स्वप्न के साथ-साथ अमित के अन्दर विध्वंस की तीव्र इच्छा पैदा हुई। पुरानी परम्पराओं से विद्रोह एक तरह से क्रान्ति की शुरूआत थी। उसने अपने परिवार और परिवेश की ओर ध्यान दिया तो उसे दोनों से घोर विरक्ति हुई। यह कोई घर है, यह कोई माहौल है ! इस घर का हर पुरुष अपने को महापुरुष समझता है और हर महिला देवी ! यह ठीक है कि महिलाएँ सामान्य तौर पर आदरणीय होती हैं पर स्वयं अपने को दिव्य समझना कहाँ की तुक है। इन्हें नहीं पता कि इस बीच दुनिया कहाँ की कहाँ पहुँच गयी है, वे अभी उसी खटराग में लगी हैं और अपना जीवन सार्थक समझ रही हैं। और इनके बच्चे? बाप रे बाप! इन्हें बच्चे कौन कहेगा? साक्षात् शैतान के वंशज हैं। सारा दिन हू हू तू तू करने के सिवा इन्हें और क्या काम है।

क्षोभ के पश्चात् अमित को अचरज हुआ वह कैसे इतने वर्षों इस बेमजा माहौल में पडा रहा जैसे रसोई की मोरी में तिलचट्टा, जैसे आँगन के गड्ढे में मेढक, जैसे बरामदे की दीवार पर छिपकली। उसने आक्रोश और असन्तोष से सोचा क्या वह कोई पेचकस है जो घर के टूल बॉक्स में पड़ा जंग खाता रहे?

कुछ दिन तक अमित के विचार-जगत में हुए क्रान्तिकारी परिवर्तन की जानकारी घर में किसी को न हुई। लेकिन फिर माँ को धीरे-धीरे लगा कि अमू कुछ बदला-सा है, न पहले की तरह बोलता है, न सुनता है, जल्दी से खीझ उठता है, या खोया सा रहता है।

माँ ने पिता से अपनी फिक्र बताई। पिता तभी कोर्ट से लौटे थे, व्यस्त आदमी थे। बच्चों की मानसिकता को लेकर माथापच्ची करना उनका स्वभाव नहीं था। बड़ी उदारता से बोले 'किसी बात पर किसी से बिगड़ गया होगा, नौजवान लड़कों का खून गरम होता है। अनमना हो गया है। पुचकार लो, ठीक हो जाएगा।'

माँ ने वही किया। रात जब अमित आँगन में लेटा, माँ ने उसके बाल सहलाते हुए पूछा।

यूँ तो माँ बहुत मुलायम तरीके से पूछताछ शुरू की थी फिर भी अमित एकदम भड़क गया।

'यह क्या मुसीबत है, यह घर है या थाना ! जब देखो क्या, कैसे, क्यों, चला करती है आपकी। क्या कोई अपनी मर्जी से चुप भी नहीं रह सकता?'

माँ सकते में आ गई। आज तक अमित ने उनसे कभी ऐसे बात नहीं की थी। माँ स्नेहिल होने के साथ-साथ स्वाभिमानी भी थीं। तुरन्त उसके पास से हट गई। इस घर में कभी किसी ने उनसे रुखाई नहीं बरती थी। बच्चे तो क्या पति तक उनसे विनम्र थे। वे इसी की अभ्यस्त थीं।

उन्होंने तय किया कि जब तक अमित का मूड उखड़ा है, वे कम-से-कम उसके सामने आएंगी। खाना भी ललिता के हाथ उसके कमरे में भिजवा देंगी।

लेकिन अगले रोज खाने के वक्त ही बावेला मच गया। ललिता रुआंसी सी रसोई में लौट आई और मुँह फुला कर बरतन माँजने में जुट गयी।

कमरे से अमित की चिल्लाहट बाहर तक आ रही थी। वह गरज रहा था। 'यह खाना बनता है इस घर में? सोमवार से लेकर सोमवार तक अरहर की दाल। इससे अच्छा भोजन तो जेल में बनता है। मैं यह रातब खाने के लिये पैदा नहीं हुआ हूँ, डाल दो इसे गाय के आगे।'

थाली वापस कर दी गयी। घर के इतिहास में यह गदर जैसी धटना थी, अकेली, अकल्पनीय और अस्वाभाविक। ऊपर से गजब यह कि इस वक्त कमरे में अमित अकेला नहीं था। एम० डी० भी उसके साथ बैठे बहस में लीन थे।

'किसी भी जीनियस की मौत के लिए एक रूढ़ि ही काफी है, फिर जहाँ रुढ़िबद्धता, जीवनपद्धति में शुमार हो जाए वहाँ तो मृत्यु निश्चित है। संसार की सभी सम्भावनाशील प्रतिभाएँ इसी तरह एक अदद नौकरी, एक अदद मकान और एक अदद शादी के लिए दम तोड़ देती हैं।'

छोटी-छोटी बातों ने चिनगारी का काम किया। अमित के अन्दर एक नौजवान तड़पड़ाहट तो थी ही। उसे लगातार लग रहा था कि परिवार और शहर उसकी मौलिकता नष्ट करने पर उतारू हैं। उसके सामने चुनाव का वक्त आ गया था।

अमित के पिता ने एक दिन उसे समझाना चाहा, 'भई इधर तुम्हारी माँ बहुत परेशान रहने लगी हैं। तुम्हें घर की कोई परवाह नहीं रह गई है। सुबह कन्धे पर झोला लटकाए निकल जाते हो, रात इतनी देर बाद लौटते हो, आखिर माजरा क्या है? तुम्हें अपना रवैया बदलना होगा।'

'माजरा क्या है, यह मुझे ही समझाना होगा, यह जो आप इतनी बेफिक्री से दाँत कुरेदते हुए रवैये की बात कर रहे हैं, वही मैं भी आप से कह रहा हूँ। आपका यही रवैया रहा तो आपको पिता कहते मुझे शर्म आएगी।'

पिता एकदम भौंचक रह गए।

'क्यों अमू मेरी ऐसी कौन सी हरकत दिखी तुम्हें?'

'आप कचहरी में रात-दिन सच को झूठ और झूठ को सच बनाते हैं, आपकी सारी प्रैक्टिस झूठ और मक्कारी पर टिकी है और बात आप मेरे रवैये की करते हैं। मैं कहता हूँ आप बेईमान हैं, शोषक हैं!'

अमित आवेश में काँपने लगा।

पिता को अमित पर तरस और लाड़ आया।

'अगर मैं झूठ न बोलता तो तुम कभी सच बोलने लायक न बन पाते बेटे। यह तुम्हारी गर्मी ठीक है पर इसे स्टेज के लिए सँभाल कर रखो। हम अब हुए बूढ़े। जैसे जीते आए हैं, वैसे ही जिएँगे। तुम बाकी समाज को बदलो, हम भी तमाशा देखेंगे।'

अमित को पिता से घोर विरक्ति हुई। पिता के रूप में इतने घाघ मनुष्य की कल्पना उसे आहत कर गई। अगले हफ्ते एम० डी० दक्षिण के दौरे पर जा रहे थे। अमित भी उनके साथ हो लिया। चलते समय उसने न चिट्ठी छोड़ी, न संदेश, हालाँकि वह भाग नहीं रहा था। 'घूमने जा रहा हूँ' जैसा अस्पष्ट वाक्य कहकर वह निकल पड़ा।

अभी तक अमित ने अपने शहर के अलावा बहुत थोड़े अन्य शहर देखे थे, वह भी अपने प्रदेश के, कानपुर, लखनऊ, आगरा, मिर्जापुर।

दक्षिण यात्रा पर निकल कर उसे लगा जैसे वह एक नई निराली दुनिया में कदम रख रहा है। पग-पग पर भारतीय संस्कृति और इतिहास के अविस्मरणीय चित्र। उसे पहली बार अपने देश पर गर्व और आश्चर्य हुआ, क्योंकि इससे पहले इस विलक्षण विविधता से उसका सरोकार ही नहीं था।

तिरूपति में एक क्षण के लिए अमित को माँ की याद आई। उनके लिए अगर वह प्रसाद ले जाता तो वह निश्चित ही निहाल हो जातीं और उसके अब तक के समस्त रूखेपन को भी क्षमा कर देतीं पर अमित ने इस इच्छा को झटक दिया। जो भी बातें उसे कच्चा बनातीं उसे स्वीकार

न थीं। धर्म के साथ धर्मान्धता जुडी थी और उससे बचना जरूरी था। इसी धर्मान्धता से भिड़ कर प्रगति का रास्ता निकालना था।

कन्याकुमारी तक जाकर वे लोग दिल्ली आ गए। एम० डी० को दो-एक जरूरी काम यहाँ भी निपटाने थे।

दिल्ली विश्वविद्यालय में परीक्षा का मौसम था। जगह-जगह लड़के-लड़कियाँ पढ़ने में मशगूल दिखाई पड़ रहे थे। जिन कालेजों से जुड़े होस्टल थे, उनमें बड़ी भीड़ थी। हर होस्टलर के साथ कोई-न-कोई साथी ठहरा हुआ था। अगले हफ्ते परीक्षा शुरू होने वाली थी।

ओ० पी० कालेज के असिस्टेंट वार्डन एम० डी० के परिचितों में थे। उन्हीं के साथ वे टिके। शर्मा ने उनका बहुत जोरदार स्वागत किया हो, ऐसा नहीं था। हाल ही में उसकी शादी हुई थी और उसके पास सिर्फ दो कमरों का एक हिस्सा था। एम० डी० और शर्मा एक साथ पढ़े हुए थे लेकिन दोनों का व्यक्तित्व एकदम अलग था।

शर्मा बेहद कायदा पसन्द और संतुलित व्यवहार वाला आदमी लगता था जबकि एम० डी० थे एकदम ऊबड-खाबड़ और असंतुलित।

शर्मा ने उनके रकसैक बाहरी कमरे में रखवा दिए। शर्मा की पत्नी नवविवाहित पत्नियों की तरह काफी सुन्दर थी। उसे अमित या एम० डी० ने बहुत कम बाहर निकलते या बोलते सुना। वे दोनों बाहरी कमरे में बैठे-बैठे ही उसकी मौजूदगी का एहसास कर लेते, कभी उसकी पद चाप से, कभी चूड़ियों की खनक से, कभी दबीदबी हंसी से।

वैसे एम० डी० के पास ज्यादा वक्त नहीं होता सुबह उठते ही उनके पास कार्यों की एक लम्बी सूची तैयार रहती। दिन भर में उनकी मुलाकात जिनसे होती उनमें तरह-तरह के व्यक्ति थे—नेता, प्रोफेसर, साहित्यकार और छात्र। जाते समय वे अमित को कोई मोटी सी किताब पकड़ा जाते, होमवर्क की तरह। कभी अपने किसी लेख का अनुवाद या नकल करने का आदेश।

अमित यह काम कुछ ही घण्टों में निपटा लेता। फिर न उसका मन कमरे में लगता न लाइब्रेरी में। दोस्त बनाना उसे कभी आसान नहीं

लगा था। कभी-कभी शर्मा सर उसके पास आकर बैठ जाते। एम० डी० के साथ बैठना उन्हें कम गवारा था। उनसे वे बस आते-जाते बोल लेते।

जब शर्मा को पता चला कि अमित अन्तिम वर्ष की पढ़ाई छोड़कर घर से निकल आया है, उन्हें दुख हुआ।

'जरूर यह एम० डी० की कारिस्तानी होगी। क्या करेगा वह छात्रों में बगावत का मीठा जहर फैलाकर? कितनी बड़ी फौज तैयार हो जाएगी और किस लिए? कोई रचनात्मक कार्यक्रम भी तो हो।'

'है, हम समाज के सड़े-गले हिस्से नष्ट कर नए समाज का निर्माण करेंगे। एक बेहतर दुनिया बनाने के लिए संघर्ष करना ही होगा।'

'यह तो एक अमूर्त सी बात है और बहुत व्यापक। तुम किसके खिलाफ लड़ोगे? क्या तुम अपना शत्रु पहचानते हो? इस तरह हवा में बगावत नहीं होती। तुम्हें एक क्षेत्र चुनना होगा, फिर एक कार्यक्रम और अन्त में कार्य।'

'मान लीजिए हमने अपना कार्यक्षेत्र चुन लिया।'

'मैं जानता हूँ तुम किस क्षेत्र की बात कर रहे हो। वह क्षेत्र तो एम० डी० ने बरसों से चुन रखा है। न जाने क्यों वह छात्रों को बरबाद करने पर तुला है। ये सब बातें वह छात्र जीवन में भी किया करता था।'

अमित को एम० डी० के खिलाफ सुनना अच्छा नहीं लगा।

'देखिए, एम० डी० सर ऐसा कुछ नहीं कर रहे हैं। आप उन्हें गलत समझ रहे हैं। एक तरफ यूनिवर्सिटी में अध्यापकों ने अपनी कुंद दिमागी और तानाशाही से छात्रों की नाक में दम कर रखा था। दीक्षित सर बिल्कुल ऑक्सीजन की तरह आए। छात्र उनके दीवाने हैं, उनकी कद्र करते हैं, उनके साथ कितने छात्र हैं इसका आपको अन्दाज भी न होगा।'

'और इन सबको लेकर वे क्या कर रहे हैं? वे इन्हें बगावत सिखा रहे हैं। कभी आप लोगों ने सोचा है कि जो बगावत सिखा रहा है वह खुद कितना बागी या त्यागी है?'

'वे खुद झोला लटकाए दुनिया जहान में घूमते हैं तो किसी सिद्धान्त के तहत ही।'

'वह झोला लटकाए कहाँ घूमता है, मैं सब जानता हूँ। तब उसके सिद्धान्त कहाँ चले जाते हैं जब वह टुच्चे लोगों की लुच्ची बातें भी इसलिए पचा जाता है क्योंकि वे प्रभावशाली लोग हैं। अपने सिद्धान्त को सड़क पर खड़ा छोड़ वह शाम को विदेशी दूतावासों में चला जाता है, एक पेग की खातिर।'

'ये उनकी निजी बातें हैं। इनसे हमें क्या फर्क पड़ता है।'

'जरूर पड़ता है। निजी और आम व्यवहार अलग चीजें नहीं होतीं। इतने होनहार लड़कों का भविष्य एम० डी० चौपट कर रहा है।'

'सर भविष्य आप किसे कह रहे हैं और मैं किसे? आपके लिए एक सही नौकरी आदर्श भविष्य हो सकती है। मेरे लिए नहीं। दरअसल यह अकेले अकेले व्यक्ति के भविष्य का सवाल नहीं, सवाल कौम के भविष्य का है।'

'मैं तुम्हारी बात नहीं मान सकता। पहले आदमी को अपना भविष्य जोखिम में डालना होता है, तभी वह कौम के लिए बड़ा जोखिम उठा सकता है। सुना होगा तुमने-

'कबिरा खड़ा बाजार में लिए लुकाठी हाथ
जो घर जारे आपना चले हमारे साथ।'

अमित को शर्मा के इस प्राध्यापकीय भाषण पर मन-ही-मन हँसी आई। शर्मा सर के पास सब कुछ था फिर भी वे एम० डी० से ईर्ष्या कर रहे थे।

'एम० डी० सर अपना समूचा दिन दूसरों की फिक्र में बिताते हैं। मैंने कभी उन्हें अपनी, अपने परिवार की चिन्ता में भागदौड़ करते नहीं देखा। हर किसी का सवाल उनके लिए अपना सवाल बन जाता है।'

'अगर वह इतने बड़े बागी होते तो नौकरी के बन्धन से अब तक मुक्त हो जाते, तुम जानते हो हर नौकरी की अपनी दैनिकता होती है

और अनुशासन। वे उसके साथ समझौता करते हैं। यानी एक चौखटा जो उन्हें सूट करता है उसे मंजूर करते हैं जो उन्हें सूट नहीं करता, उसे तोड़ने के लिए छात्रों को आगे कर देते हैं।'

'ऐसी अवसरवादिता उनमें कतई नहीं है।' अमित ने कहा और बहस पर विराम लगाया। उसे लगा अच्छी नौकरी, पत्नी और दहेज पाकर शर्मा सर अपने को सार्थक और बाकी हर इंसान को निरर्थक समझने लगे हैं।

एम० डी० अपनी दिल्ली यात्रा से सन्तुष्ट थे। उन पर इस बात का असर नहीं होता कि शर्मा उनके रुकने से कम रुष्ट हैं या ज्यादा। वे तो बस सुबह से शाम तक भटकते रहते। सबेरे सात से शाम सात बजे तक वे राष्ट्रीय, अन्तर्राष्ट्रीय समस्याओं से जुझते रहते। सात बजे के बाद वे किसी न किसी के साथ बैठते, जाम टकराते। फिर तो बारह बज जाते, एक बज जाता उन्हें कोई जल्दी न होती। जैसे-जैसे देह में दारू पहुँचती, दिमाग और मौलिक होता जाता। आखिरकार उनके साथी को उन्हें छोड़ने आना पड़ता, शर्मा के घर तक।

बस यही शिकायत थी अमित को। एम० डी० अपने आपको इस बेदर्दी से बरबाद करते जिस बेदर्दी से कोई दूसरों को भी बरबाद नहीं करता। रात भर वे अपना सिर गीले तौलिए में लपेटे पड़े रहते बिस्तर पर लेकिन सबेरे चाय और अखबार साथ पाते ही उनका चोला बदल जाता और वे एक बार फिर निकल पड़ते।

ओ० पी० कालेज के छात्रों में आक्रोश और असन्तोष एक आन्दोलन का रूप ले रहा था। यों एम० डी० ने सामूहिक रूप से उन्हें कभी सम्बोधित नहीं किया था लेकिन शर्मा का कहना था कि वे उनके छात्र नेताओं से कॉफी हाउस में मिलते रहे हैं। यह एक ऐसी स्थिति थी जिससे एम० डी० का अनुपस्थित होना ही अच्छा था। उन्होंने अमित से कहा, 'मैं यहाँ से बनारस जाऊँगा। तुम यहीं रहो, कोई खास या नई बात हो तो मुझे सूचित करना।'

अमित इस जगह से ऊब चुका था, वह भी सर के साथ जाना चाहता था; लेकिन उनका आदेश मानना जरूरी था।

एम० डी० के जाने पर अमित और भी अकेला और उदास हो गया। वह घूमने निकलता और पाता कि उसका कोई दोस्त नहीं। सब एम० डी० के दोस्त थे, दुश्मन थे जो उसे एम० डी० के बारे में अजीबोगरीब बातें-बताते। अमित को ऐसी बातें सुनना गवारा नहीं था। वह अपने हीरो का विध्वंस नहीं चाहता था।

उदासी दुखती गाँठ की तरह सख्त बनती जा रही थी। ढाबों में छोले-भटूरे और टेढ़ी-मेढ़ी तन्दूरी रोटियाँ खा-खा कर अमित का जी भर गया। अब तो ढाबे में बैठकर भूख ही न लगती। वह जबरदस्ती थोड़ा सा निगल लेता। शर्मा सर के भीतरी कमरे से जब खाना पकने की खुशबू आती, अमित बड़ी बेचैनी और उलझन महसूस करता। यह खुशबू एक किस्म की पुकार थी, पीछे से आती, अमित को मुड़ कर देखने के लिए मजबूर करती।

ऊपर से शर्मा सर की पत्नी अपनी तरह से अमित को लगातार समझाने का प्रयत्न करती। अगर इन बातों पर वह संजीदा बना रहता तो फिर एकदम भाभी भंगिमा में घर-आँगन, नाते-रिश्तों को कुरेदतीं।

यह एक ऐसी मुश्किल थी जिससे अमित को दिन-रात जूझना पड़ रहा था। रात के एकान्त और दिन की भीड़ में यह सवाल अपनी पूरी आक्रामकता के साथ उससे लड़ता-भिड़ता। कभी-कभी अमित को बड़ी ग्लानि होती कि उसने अपने घर परिवार को अब तक दुख के अलावा शायद कुछ भी नहीं दिया। इस एहसास के सामने क्रान्ति की कामना भी एक विलास सी लगती। अब तो एम० डी० भी यहाँ नहीं थे जो उसे सहेजते।

फिर एक दिन पहली बारिश आई। दिल्ली की पहली बारिश। मॉरिसनगर यों भी बड़ा हरा-भरा था, बारिश के छीटों से और भी रंगीन हो उठा। चारों तरफ धरती से भीनी महक उठी। बारिश के बाद की शाम बड़ी धुली-पुँछी थी। अधिकांश लड़के-लड़कियाँ सड़कों पर झुंड बना कर टहल रहे थे। अमित बरामदे में बैठा देख रहा था। तभी शर्मा

दम्पति अपनी शाम की चाय लेकर वहीं आ गए। चाय अकेली नहीं थी, साथ में पकौड़े थे। जिस तरह ट्रे थामे श्रीमती शर्मा बरामदे में आईं, एक क्षण अमित को लगा यह एक बहुत परिचित आत्मीय दृश्य है। वह परदेश नहीं, देश में है, अपने घर में।

'बिल्कुल हमारे घर की तरह, अमित के मुँह से बेसाख्ता निकल गया।

'पहली बारिश पड़ते ही न जाने कैसे हमारे घर भी हमेशा पकौड़े बनते थे।

रात बारिश की एक किस्त और आई। भीगते हुए खाने की तलाश में भटकने से अच्दा था, चादर लपेट कर भूखे सो जाना। अमित ने खाना खाने का इरादा मुल्तवी कर दिया। झपकी लगी ही थी कि अन्दर के कमरे से हींग, अजवायन के छौंक की छन्-छन् और महक आकर उसे जगा गई। अमित अन्दर तक हिल गया। उसे फिर लगा वह अपने घर लौट आया है। अन्दर कमरे में मिसेज शर्मा नहीं, माँ हैं जो पहली बारिश में हींग, अजवायन के छौंक के साथ घुइयाँ पका रही हैं। उसे लगा बाहर झुंड से अलग-थलग आँगन में एक लड़का टहलता हुआ पढ़ रहा है। वह अमित ही तो है।

चादर के अन्दर-अन्दर बहुत-कुछ कौंध गया—अपनी किताबों की मेज; ऊपर वाला कमरा, छत की सीढ़ियाँ, कमरे की कड़ी में लटका धूँ-धूँ करता पंखा, रतना धोबिन के दो बड़े दाँत, मुटल्ली ललिता, पप्पो की चमकती आँखें, चूल्हे पर खदकती अरहर की दाल, धूप में सूखता आम का अचार, गमले की तुलसी, बरामदे में रखी झिंगोला कुरसी, पिता का काला कोट, माँ की एड़ियों की फटी बिवाइयाँ, और कट-कट बजते उनके घुटनों के जोड़।

शर्मा सर ने कमरे में आकर कहा—

'अमित चलो उठो, खाना खा लो।'

अमित हड़बड़ा कर उठ बैठा। घड़ी देखी, फिर बोला, 'नहीं सर, मेरी नौ पन्द्रह की गाड़ी छूट जाएगी, खाना घर पहुँच कर खाऊँगा।'

शर्मा आश्चर्य और खुशी से अवाक् रह गये। अमित अपना रकसैक संभालने लगा।

♦♦♦

वर्दी

मुहर्रम और होली इस बार एक साथ पड़ रहे थे। एक तो त्यौहार पुलिस के लिए वैसे ही सिरदर्द थे, ऊपर से होली और मुहर्रम। यानी हुल्लड़ और मातम दोनों को संभालना।

रमाशंकर सिपाही की ड्यूटी नखास कोने पर लगी थी। रमाशंकर ने जल्दी-जल्दी वर्दी पहनी और पत्नी को पुकारा, 'खाना नहीं बना अब तक?'

आशा खाने की थाली लेकर आ ही रही थी। उसकी कड़कदार आवाज सुनकर वह चौंक गयी और ऊपर तक भरी दाल की कटोरी से थोड़ी सी दाल थाली में फैल गयी।

जैसे ही उसने मेज पर खाना रखा रमाशंकर दहाड़ा, 'ले जाओ यह गन्दी सनी थाली, मुझे नहीं खाना। बेवकूफ कहीं की!'

आशा का मुँह उतर गया। उसका पति अब का गया जाने कितने घंटों में आयेगा। कई बार एक ड्यूटी खत्म नहीं होती कि दूसरी लग जाती है। त्यौहारों और दंगों में उसे छत्तीस घंटों की ड्यूटी देनी पड़ती है। आशा इन दोनों के आने से घबराती है, त्यौहार और दंगे। उसने बड़ी मुश्किल से बस इतना कहा, 'मैं दूसरी थाली ला देती हूँ।'

रमाशंकर ने पत्नी को जवाब देना जरूरी नहीं समझा। दरअसल उसने खाना देखते ही तय कर लिया था कि वह इतनी सुबह रोटी नहीं खायेगा। वह तो उसने आशा की मुस्तैदी जाँचने के लिहाज से खाने के लिए हाँक लगाई थी। खाना उसके लिए मुश्किल काम नहीं है। अभी

चौराहे पर वह दातादीन की दुकान से चार समोसे बंधवा लेगा और चाय नखास कोने पर मिल ही जायेगी। दोपहर में वह नुक्कड़ वाले होटल में कबाब पराठा खा लेगा। बीच बाजार की ड्यूटी में खाने पीने का बड़ा आराम रहता है। सारा दिन ही मुँह चलता रहता है।

रमाशंकर ने अपना डंडा उठाया, साइकिल बाहर निकाली और बिना पत्नी की तरफ देखे या कुछ कहे, चल दिया। आशा कुछ देर खड़ी-खड़ी उस दिशा में देखती रही, जिधर रमाशंकर गया था, फिर उसका ध्यान बँट गया। सामने स्कूटर मरम्मत की दुकान का लड़का उसे घूर रहा था। उसने अन्दर होकर दरवाजा बन्द कर लिया।

अब उसके सामने लम्बा-चौड़ा दिन पडा था और काम गिना चुना। उसका बेटा राजू तीन बजे स्कूल से आता था। वह बिस्तर पर लेटी लेटी ताक पर रखी वह फोटो देखने लगी जो शादी के बाद शहर आने पर उन दोनों ने खिंचवाई थी।

रमाशंकर उस दिन अपनी साइकिल पर बैठा कर उसे चौक ले गया था और स्टूडियो में पास-पास खड़े होकर उन्होंने तस्वीर खिंचवाई। रमाशंकर ने फोटोग्राफर से कहा, 'मास्टर बहुत बढ़िया फांटू आना चाहिए नहीं तो ठीक न होगा, समझे!'

बूढ़े फोटोग्राफर ने काँपती उंगलियों से खटका दबाया था।

आशा ने पहली बार स्टूडियो और कैमरा देखा था। उसने ताज्जुब से पूछा, 'बस खिंच गई फोटो?'

रमाशंकर ने हेकड़ी से कहा, 'और क्या? तुमने क्या सोचा था घंटा दो घंटा लगेगा!'

उस दिन की सैर आशा को अभी तक याद थी। उन दोनों ने एक जगह बैठ कर चाट खाई थी और कुल्फी। कहीं भी रमाशंकर को पैसे देने की जरूरत नहीं पड़ी थी।

आशा ने जब सहमते हुए धीरे से कहा, 'पैसे तो दे दीजिये उसके।'

रमाशंकर ने चिढ़कर उसकी तरफ देखा, 'तुम क्या सोचती हो, यह वर्दी पहन कर क्यों आया हूँ। बिना बात टाँग न अड़ाया करो बीच में।'

आशा पर वर्दी का रौब गालिब हो गया। वर्दी की ताकत जानने के बाद तो उसे लगने लगा कि रमाशंकर आटा भी पिसवाने जाए तो वर्दी पहन कर जाये। आशा को रमाशंकर की वर्दी जादू की पोशाक जान पड़ती जिसे पहनकर वह मुश्किल से मुश्किल काम निपटा डालता। जिन औरतों के पति वर्दी नहीं पहनते थे उन्हें आशा अभागी मानती। वर्दी के बूते पर उसके पति को हर चीज मुफ्त हासिल हो जाती। आशा गांव के स्कूल में आठ जमात के आगे नहीं पढ़ी थी। इससे अधिक सोच विचार का उसे अभ्यास नहीं था। उसने तो यही सोचा कि शायद सरकार ने यह वर्दी रमाशंकर को इसीलिए दी है कि वह अपनी पत्नी को और घर को खुशहाल रखे।

इस सब के बावजूद इधर कुछ वर्षों से आशा पहले जितनी खुश नहीं थी। इस बीच राजू पैदा हो कर सात साल का हो गया था। पास के स्कूल में वह कक्षा तीन में पढ़ रहा था। उसके ठाठ निराले थे। कभी उसके पास नया बस्ता नजर आता तो कभी पानी की नई बोतल। और बच्चों की तुलना में उसके कपड़े ज्यादा साफ और सुन्दर रहते। लेकिन पढ़ने में उसका मन न लगता। वह सारा दिन पतंग और लटाई लेकर छत पर चढ़ा रहता। आशा ने उसके लिये, रमाशंकर की वर्दी में से एक छोटी वर्दी बना दी थी। राजू, छुट्टी के दिन, अपनी वर्दी पहन, फुटरूलर बगल में दबाकर माँ से कहता, 'मैं जरा ड्यूटी पर जा रहा हूँ' और पड़ोस के घरों का चक्कर मार आता। सभी उसे छोटा हवलदार कहते। अपने साथियों के संग खेल में वह भयंकर बेईमानी करता, जो शुरू में तो बच्चों ने बर्दाश्त की पर फिर एक दिन मौका पाकर सबने मिलकर उसकी जबर्दस्त पिटाई कर डाली। तब से वह बस्ती के बच्चों के साथ खेलने से घबराता था। अकेले वह छत पर अंधेरा घिरने तक पतंग उड़ाता रहता। कई दिनों से राजू को यह लगने लगा था कि वह खुश नहीं है। स्कूल में उसके साथी बताते कैसे वह बाजार में किताब कापी खरीदते हैं, कौन सी पेन्सिल रबर किस दुकान पर बढ़िया मिलती है और कैसे वह घर की तरकारी खरीदने जाते हैं। इन सब क़ामों में राजू का कोई योगदान नहीं था। उसकी इच्छा होती कि बाकी बच्चों की तरह वह

भी पैसे लेकर अपनी जरूरत का सामान खुद खरीदे। खर्च करने की महान उत्तेजना से वंचित राजू को धीरे-धीरे अब यह सवाल तंग करने लगा था कि उसे छोटी-छोटी चीजों के लिए भी एक दो या तीन-तीन दिन इन्तजार क्यों करना पड़ता है और क्यों उसे पापा की लाई चीज ही लेनी जरूरी है। एक दो बार उसने लाई गई चीज पर असन्तोष जाहिर किया तो रमाशंकर उस पर बरस पड़ा, 'लेना है तो ये ले ले, नहीं तो कुछ नहीं लाकर दूँगा। बैठे बिठाए मिल रहा है इसलिए साबजादे के नखरे हैं।' राजू को बहुत बुरा लगा। डांट खाना उसे हमेशा बुरा लगता। फिर उसके पापा का तो एक बार गरजना शुरू हो जाये तो जल्दी रुकता भी नहीं। यही शिकायत आशा को थी। यह ठीक था कि उसका पति उसे एक से एक नई चीज लाकर देता था। उसके पास इतने डिब्बे पाउडर क्रीम और स्नो के थे कि वह अपनी छोटी बहनों और ननदों में खुले दिल से बाँट सकती थी। जब से राजू समझदार हुआ था, आशा को भी लगने लगा था कि उसका पति अन्य आदमियों के मुकाबले कुछ ज्यादा ही डपटता था। छोटी-छोटी बात पर वह थाली उठा कर फेंक देता, हाथ में जूता उठा लेता या गालियों की बौछार करने लगता। फिर वह अपना डंडा उठा कर गश्त पर चल देता। मार-फटकार खाने के बाद देर तक राजू और उसकी माँ मुँह लटकाए बैठे रह जाते। होता यह कि एक को डाँट पड़ती तो दोनों उदास हो जाते।

राजू ने स्कूल से आते ही फरमाइश की 'माँ हमें पैसे दो, हम रंग और पिचकारी लायेंगे।'

आशा ने कहा, 'शाम को तेरे पापा आयेंगे तो उनसे कह देना, दोनों चीजें ला देंगे।'

'नहीं', राजू ने पैर पटके, 'मुझे पापा के लाये रंग नहीं चाहिए। मैं अपनी मर्जी से खरीदूंगा।'

'मेरे पास पैसे नहीं हैं।' आशा ने कहा।

'क्यों नहीं है, चाहे कहीं से दो, मुझे पैसे चाहिये।'

'कह दिया न, नहीं हैं।' आशा ने बन्द आलमारी की ओर देख कर कहा, जिसकी चाभी रमाशंकर अपनी जेब में रखता था।

राजू ने खाना नहीं खाया, कपड़े नहीं बदले, मुँह फुलाकर खिड़की के पास बैठ गया। आशा ने लाख मनाया, उस पर कोई असर नहीं हुआ।

आखिरकार आशा को अपने बक्से में से वे रुपये निकालने पड़े जो तीज त्योहारों पर उसके भाई भेजते थे और जिन्हें वह पति से बचा-बचा कर, साड़ियों की तहों में छुपा कर रखती।

दस का नोट पाकर राजू फिर से चहचहाने लगा।

शाम को रमाशंकर जिस वक्त घर आया अँधेरा घिरने लगा था। उसका दिन काफी मशक्कत में बीता था। उसके इलाके में जिन अड्डों पर जुआ चलता था, उन अड्डों के दादा ने सीधे कोतवाल से अपनी गोटी बैठा ली थी और उसके हाथ कुछ भी नहीं लगा था। दुकान वालों और ठेले वालों ने जरूर उसका लिहाज किया पर कुल मिलाकर मामला फीका ही रहा था। अगले दो दिन बाजार एकदम बन्द रहना था। यही सब सोचकर रमाशंकर का मूड उखडा हुआ था।

घर में घुसते ही उसने आवाज लगाई 'राजू'।

राजू को उसने बहुत से रंग के पैकेट और प्लास्टिक की पिचकारी पकड़ाई। आशा ने मिठाई का डिब्बा थाम लिया।

राजू ने ध्यान से रंग के पैकेट देखे और बेसाख्ता उसके मुंह से निकल गया, 'हमारे वाले रंग इनसे बहुत बढ़िया हैं।'

'कौन से रंग?' रमाशंकर ने त्योरी चढ़ा कर पूछा।

राजू ने अपना लाया टीन का चौकोर डिब्बा दिखाया और पिस्तौल वाली पिचकारी भी।

रमाशंकर का पारा चढ़ गया 'किससे पूछ कर खर्च किया तूने सुअर। कहाँ से आये पैसे?'

राजू सहम गया।

आशा का चेहरा भी पीला पड़ गया। उसने कहा 'पहले तुम वर्दी उतार कर हाथ मुँह धो लो।'

'नहीं', रमाशंकर गरजा, 'मैं इसकी हड्डी-हड्डी तोड़ डालूँगा। तुम्हीं इसे पैसे दे दे कर बरबाद कर रही हो। तुम्हें पता है पैसे कितनी मुश्किल से आते हैं? साले...

रमाशंकर ने बेटे को कान से पकड़ कर अपनी तरफ खींचा और कस-कस कर तमाचे मारने शुरू कर दिये।

हर तमाचा जैसे आशा के मुँह पर पड़ रहा था, उसने अपने दोनों गाल हाथों से ढक लिए।

मार खाते-खाते राजू वहीं गिर पड़ा। तब रमाशंकर ने बूट से ठोकर मार कर उसे एक तरफ धकेल दिया, 'पड़ा रह साला अपनी माँ को रोते। खबरदार जो यहाँ से उठा।'

अन्दर आकर रमाशंकर ने आलमारी की जाँच की, बन्द थी। आशा ने सफाई देने में ही खैर समझी, भैया के भेजे ग्यारह रुपये थे जी मेरे पास, उसी में से मैंने दिये थे। मुझे क्या पता था यह रंग लायेगा।'

रमाशंकर ने कुछ नहीं कहा, बस घूर कर पत्नी को देखा। फिर लुंगी पहन वह नल के पास चला गया।

आशा ने जल्दी जल्दी खाना गर्म किया और थाली परोस दी।

रमाशंकर ने खाना खाया।

घर में मार-पीट के बाद की खामोशी थी। मुहल्ले के लड़के बाहर होली जलाने के इन्तजार में जमा थे। दो एक दोस्त राजू को बुलाने को आये पर दरवाजा बन्द देखकर लौट गये।

कहने को राजू चुपचाप पडा था, मन उसका खलबला रहा था। अब भी उसे यही लग रहा था कि वह सही था और पापा गलत। उसका लाया रंग निश्चित अच्छा था। बस इतनी सी बात पर पापा ने उसे मारा क्यों? बात-बात पर हाथ उठाना उनके लिए मामूली बात थी। राजू को लगा जरूर इस वर्दी में ही कुछ ऐसी खासियत है कि इसे पहनते ही उसके पापा, पापा नहीं रहते, जालिम सिपाही बन जाते हैं। उसने आहट ली। इस वक्त लुंगी कुरते में उसके पापा शान्त थे और बिस्तर पर बैठ अपनी दिन भर की आय गिन रहे थे। छिः कितनी चिढ़ हो गयी है राजू

को खाकी रंग से। उसके सभी दोस्तों के पापा इन्सानों वाले रंग पहनते हैं, सिर्फ उसके पापा यह हैवानों वाला रंग पहनते हैं। इसे पहनकर खुद भी हैवान बन जाते हैं।

रमाशंकर के सो जाने के बाद आशा बच्चे के पास आई। वह चाहती थी राजू उसके साथ खाना खा ले। माँ के डरपोकपने पर राजू को हमेशा गुस्सा आता था। पिता के सामने वे बिल्कुल भीगी बिल्ली बन जातीं और बाद में उनकी हरकतों पर असन्तोष दिखातीं। राजू ने खाने से इनकार कर दिया और अपने बिस्तर पर जाने की बजाय वहीं बैठक में तख्त पर लेट गया। आशा ने वहीं उसके ऊपर कम्बल डाल दिया।

रात देर तक राजू को नींद नहीं आयी। बाहर की आहटों और आवाजों का वह अन्दाजा लेता रहा। आखिरकार होली में आग लगी और उसने सुना लोग ताली बजाते हुए मस्ती में गा रहे थे। उसे पता था सारी रात मुहल्ले के ऊधमी लड़के सोयेंगे नहीं। रात भर हुल्लड़ मचेगा और सुबह से रंग की धमाचौकड़ी। एक बार फिर उसे अपने पिता पर गुस्सा आया। उसे अपनी हिन्दी पुस्तक का एक पाठ याद आया ज़िसमें लिखा था 'होली की आग में समस्त बुराइयाँ भी नष्ट हो जाती हैं, ऐसा लोग मानते हैं।'

राजू उठा। धीरे से उसने कमरे की चिटखनी खोली। फिर वह वापस कमरे में आया। दरवाजे पर लटकी पिता की वर्दी उसने उतारी और कमरे से बाहर हो गया।

बाहर होलिका दहन की गरम आंच की नरम तपन थी, उमंग थी और उत्साह। राजू ने लपक कर वर्दी उठती लपटों में डाल दी और बिना किसी से बोले वापस घर में घुस गया। कुछ ही देर में उसे गहरी नींद आ गयी।

◆◆◆

चोट्टिन

हालाँकि, धूप ढलने लगी थी, गर्मी ज्यों की त्यों थी, पसीना-छाप। सड़क के उस भाग में एक तरफ पुलिस चौकी थी और दूसरी तरफ नीम का पेड़। पुलिस चौकी के सामने खड़ा होने का खतरा कोई ठेलेवाला मोल नहीं लेना चाहता था। इसलिए पेड़ के नीचे ठेलों की भीड़ थी; आइसक्रीम वाला, ककड़ीवाली, और गन्ने का रस बेचने वाला सब पेड़ के नीचे इकट्ठा थे। हालांकि, तीनों का गर्मी के मारे बुरा हाल था, तीनों ठंडक बेच रहे थे। आइसक्रीमवाले के ठेले पर न जाने कौन-सी फिल्म तारिका आइसक्रीम का कप हाथ में लिये सब को न्योत रही थी 'खाइये मधुबहार आइसक्रीम।' इसी तरह गन्ने के रसवाले ने एक टीन के टुकड़े पर लिखकर लटका रखा था, मधुशाला-अमिताभ ग्लास : सवा रुपये, मुकरी ग्लास : सत्तर पैसे। सिर्फ ककड़ी वाली विज्ञापन की दुनिया से परे छाबड़ी में महज ककड़ी लगाये उकताई नजर से आते-जाते लोगों को देख रही थी। ककड़ी की तरह ही वह पतली और लम्बी थी पर हरी नहीं थी। वह भूरी थी।

अब तक सुखिया काक दृष्टि से सभी खेमचों का जायजा ले चुकी थी। नहीं आज कहीं दाल नहीं गलेगी। सबके सब चौकन्ने बैठे हैं, पास जाकर खड़ी हुई नहीं कि भौं-भौं करना शुरू कर देंगे। जाने एक ककड़ी या गंडेरी कम होने पर दिवाला पिट जायेगा इनका।

एक रिक्शा सुस्त चाल से वहाँ से गुजरा। पहले सुखिया ने सोचा था दारागंज चला जाय। आज मंगलवार था और मंदिर से काफी प्रसाद

मिलने की उम्मीद थी। लेकिन रिक्शे में पहले ही तीन भारी भरकम सवारियाँ लदी थीं। रिक्शेवाला किसी तरह उन्हें खींच रहा था। रिक्शा थोड़ा आगे बढ़ा ही था कि उसमें से कोई चीज गिरी। सुखिया ने देखा और दौड़ पड़ी। झपट्टा मारकर उसने चीज उठाई, काला चश्मा था। सुखिया खुश हो गयी। उसने अपनी मैली फ्राक से उसे रगड़कर साफ किया, फिर हलकी आशंका से रिक्शे की तरफ देखा। जब कुछ देर तक रिक्शा न रुका न अटका, सुखिया उछलती हुई चश्मा लगाकर उलटी दिशा में चल दी।

पंक्चर लगाने वाले लड़के ने देखकर कहा, 'आहा, मेमसाहब बनी है।'

सुखिया ने मुँह चिढ़ाया, 'चल भग।'

अपनी कोठरी में पहुँचकर सुखिया ने एक टूटे बक्से के पीछे चश्मा छिपा दिया। फिर उसने चूल्हे के पास खाना ढूँढने की कोशिश की। खाना पकाये जाने का कोई निशान वहाँ नहीं था। चार पांच जंग लगे डिब्बों को खोलकर उसने देखा, किसी में कुछ नहीं था। एक टूटे मर्तबान में नमक पड़ा था। सुखिया ने एक डली उठाकर मुंह में डाली। फिर कोठरी के बाहर आकर उसने डली नाली में थूक दी और बम्बे से पानी पीने लगी, गटागट।

एक बार उसका मन हुआ, वह नहा डाले पर नहाने के लिए उसे फ्राक उतारनी पड़ती और जाँघिया उसने पहना हुआ नहीं था। जाँघिया उसके पास था ही नहीं। पिछले हफ्ते से नहीं था। सिर्फ एक तो था, वह भी चिथड़ा होकर खत्म हो गया। फ्राक भी तो बस यही है। होली पर जब अम्मा ने खरीदी थी तो इसकी छींट कैसी चमकती थी। अब तो सभी रंग मैल में छिप गये हैं। तीन जगह से सीवन उधड़ गई है। हुक तो पहले ही महीने में गायब हो गये थे। पर इसकी चिंता सुखिया को नहीं। कम से कम फ्राक तो है।

इस वक्त आस पास कोई सहेली नजर नहीं आ रही थी। तभी उसे तवे पर कौंचा बजने की आवाज आई। इसका मतलब था कि चटपटेवाला

आ गया। सुखिया को चाट बहुत पसंद है। कई बार जब अम्मा ने पैसे दिये हैं, उसने चाट खायी है। खूब चटपटी होती है। फिर तो उसे ऐसी लत पड़ गयी कि वह अक्सर खाने लगी। उसके घर के चार छः बर्तन एक-एक कर चाटवाले के पास पहुँच गये। एक दिन तो उसने अपनी प्लास्टिक की चप्पलें दे डालीं, चार गोलगप्पों के लिए।

सुखिया तीर की तरह कोठरी में गयी। बक्से के पीछे से काला चश्मा निकाला और चाटवाले के पास पहुंच गयी। उस वक्त चाटवाला व्यस्त था। दो गाहक आलू की टिकिया बनवा रहे थे। फुरसत होते ही सुखिया ने माल उसे दिखाया। थोड़ी देर बाद चाटवाला काला चश्मा लगाकर चाट खिला रहा था और सुखिया सी-सी करती कोठरी के बाहर, बम्बे के पास बैठी हुई थी।

तभी उसकी अम्मा लटपट चाल से चलती हुई लौटी। सुखिया को देखा तो बोली, 'सुक्खो मेरा जी ठीक नहीं है, बडी थकाई लग रही है।'

सुखिया, माँ के पीछे-पीछे, कोठरी में गयी। अम्मा चटाई पर पसर गयी थी।

'लगता है आज फिर मोटी ने हाथ-पैर दबवाया है।' सुखिया ने कहा, 'तुम मना क्यों नहीं कर देती अम्मा। बासन-भांडे का काम तय हुआ है, हम्माली का नहीं।'

'नहीं री, आज उनकी मालिशवाली नहीं आयी रही। काम निपटाकर मैं चलने ही वाली थी कि धर दबोचा हथिनी ने।'

'क्या पायी?'

'अरे खाक ! घंटा-भर देही मलोड़ी और एक सूखी चवन्नी टिका दी सेठानी ने। मैंने सोचा था कटोरदान में रखी बासी रोटियाँ दे देगी तो अपना एक जून का खाना चल जायेगा।' माँ ने कहा।

'तुम्हीं तो बता रही थीं अम्मा कि बासी रोटी गरम करके वह खुद खा लेती है।'

'ऐसा कर, बाकी के दो घर तू जल्दी से निपटा आ। मैं तब तक रोटी का कोई ठौर बैठाऊँ।' अम्मा ने कहा।

सुखिया ने माँ से बहस नहीं की। उसका जी ठीक नहीं था। पर उसे यह काम बिल्कुल पसंद नहीं। तीस दिन तक सुबह-शाम बासन रगड़ो और तनखा का कोई ठीक नहीं कब मिले, पहली, दूसरी, सातवीं। सुखिया को दुकानदारी अच्छी लगती है, इस हाथ माल उस हाथ पैसा। पर अम्मा को कौन समझाये। अम्मा कहती है, दुकानदारी मर्दों का काम है। सुखिया को यह बात गलत लगती है, अरे काम काम है इसमें जनाना क्या, मर्दाना क्या !

सुखिया है तो बारह की पर शरीर मुश्किल से दस का लगता है। सूखी, सिमटी देह है उसकी, नुकीली हड्डियों और नीली नसों से भरी। उसके बाल हमेशा उलझे रहते हैं, हालांकि उसके घर टूटे दांतों वाला एक कंघा भी है। दरअसल, ऐसे गैर जरूरी कामों के लिए उसके पास वक्त कहाँ जिस दिन नहाती है सिर पर पानी डाल लेती है और बाल सीधे हो जाते हैं।

कुछ दूर सुखिया कूदती-फाँदती चली। फिर जैसे-जैसे काम का घर पास आता गया उसकी चाल सुस्त होती गयी। कुछ देर घर के बाहर ठिठककर वह अन्दर गयी। बर्तनों की हौदी के सामने मालकिन झुंझलायी-सी खड़ी थी। सुखिया को देखते ही उसका चेहरा खिल उठा। फिर भी, उसने टोका, 'तेरी अम्मा क्यों नहीं आयी?' 'सिर पिरा रहा है उसका' सुखिया ने कहा और आँगन में ड्रम से पानी निकालने लगी।

'देखना साबुन बरबाद न करना।' मालकिन ने कहा और बरामदे में पड़ी एक किताब उठाकर कमरे में चली गयी। सुखिया ने बर्तन रगड़े, धोये और उठाकर रख दिये। रसोई धोने की बजाय उसने एक बाल्टी पानी लुढ़का दिया। चलने से पहले उसने इधर-उधर नजर डाली। सब कुछ ताले में था, यहाँ तक कि नमक भी। सब्जी की कटोरी में सिर्फ एक कच्ची अमिया पड़ी थी। अमिया उठाकर सुखिया बाहर हो गयी। जाते-जाते कह गयी, 'दरवाजा लगा लेना।' रास्ते में एक जगह खड़े होकर उसने अमिया खायी। खट्टी थी। अमिया खाते हुए वह अपनी जीभ, होंठ और आँख ऐसे सिकोड़ती रही जैसे बिल्लियाँ सिकोड़ती हैं।

फिर कुछ चुस्त होकर वह अगले घर की ओर लपकी। यह घर रेलवे कालोनी में एक बंगलानुमा मकान था जिसके गेट पर लिखा था 'कुत्तों से सावधान।' सुखिया को अक्षर ज्ञान था। वह दर्जा दो तक पढ़ी थी। तीसरी में जब फीस ज्यादा बढ़ गयी और किताब-कापी का खर्च भी दुगना हो गया, अम्मा ने उसका नाम कटवा दिया। 'कौन कलट्टर बन जायेगी पढ़कर।' अम्मा ने कहा।

यह 'कुत्तों से सावधान' वाली तख्ती पढ़कर सुखिया को हंसी आ जाती है। क्या इस घर में सिर्फ कुत्ते रहते हैं, और कोई नहीं। फिर कुत्ता तो घर में सिर्फ एक है और लिखा है कुत्तों से सावधान। सच पूछो तो सुखिया को मोती से कम और मोटी से ज्यादा डर लगता है। कैसी काटने को दौड़ती है। सुखिया को यह भी अजीब लगता है कि हर घर में औरतें इतनी मोटी हैं।

गनीमत थी कि मालकिन घर में नहीं थीं। उनकी लडकी थी। लड़की सुखिया को पसन्द थी। उसने तसल्ली से बर्तन माँजे और खाली हो गयी। जब मालकिन की लड़की दरवाजा बन्द करने आई तो सुखिया का मन हुआ उससे कहे कि वह उसे कोई फटा-पुराना जांघिया दे दे। पर उसे इतनी साफ-सुथरी सुंदर लड़की से जांघिए की बात करने में शर्म आ गयी।

वापसी में बाजार से गुजरते हुए सुखिया का मन यकायक सुस्त हो आया। जब वह गली के रास्ते वापस आती है तो कुछ नहीं होता पर बाजार के रास्ते से आते वक्त वह अक्सर उदास हो जाती है। बाजार बहुत रंगीन है, चमक और चहल-पहल से भरा। यहाँ जो कुछ भी मिलता है उसमें से एक भी चीज सुखिया ने कभी नहीं खरीदी। अधिकांश चीजें वह पहचानती है। यह पर्स की दुकान है, यह कपड़े की। और यह बायें हाथ को स्वराज होटल है, यहाँ रात को खूब बत्तियाँ जलती हैं। जाने कौन लोग बाजार में हर दम भीड़ लगाये रहते हैं। क्या इनकी जेबों में हमेशा पैसे भरे रहते हैं। इतना-इतना सामान आखिर कैसे खत्म करते होंगे लोग।

तभी सुखिया को दिख गयी वह छोटी-सी दुकान। क्राकरी की दुकान से जरा हटकर जमीन पर पटरे बिछाकर उस आदमी ने अपनी दुकान लगा रखी थी, जांघिया, बनियान और रूमाल की। एक रस्सी में क्लिपों के सहारे उसने तीन जांघिए और बनियान लटकाकर अपनी दुकान की हद खींची हुई थी। उसकी बगल में एक मुसम्मीवाला अपना ठेला लगाकर खड़ा था।

सुखिया को नहीं पता वह कब तक खड़ी-खड़ी यह दुकान देखती रही। एक साथ दो तीन गाहकों के आने से जरूर उस दुकान पर भीड़ हो गयी होगी, तभी न सुखिया का ऐसा हौसला हुआ कि उसने पीले रंग का जांघिया झपट्टा मारकर खींच लिया और यह जा और वह जा।

दूकानदार की दिलचस्पी उन गाहकों में बिल्कुल खत्म हो गयी जो अभी मोलभाव ही कर रहे थे। उसे लगा अगर चोर को न पकड़ा गया तो अनर्थ हो जाएगा।

उसके चिल्लाते ही एक छोटी-सी भीड़ उसके इर्द-गिर्द जमा हो गयी।

'क्या हुआ?'

'क्या-क्या चोरी गया?'

'कौन था।'

'चोर का हुलिया तो बताओ।'

'गल्ला साफ कर दिया क्या?'

'नहीं, माल।' दुकानदार ने कहा और लड़की के पीछे भागा।

निठल्ले छोकरों की एक टोली दूकानदार के पीछे-पीछे हो ली।

सुखिया गिलहरी की तरह भागकर गली में घुसने ही वाली थी कि ड्यूटी पर तैनात एक सिपाही की नजर इस तमाशे पर पड़ी। उसने लपक कर सुखिया को गर्दन से पकड़ लिया।

'क्या कोहराम मचाये है छोकरी?' सिपाही ने डपटा। इस बीच हाँफता हुआ दुकानदार पास आ गया।

'साब इसने माल चुराया मेरी दुकान से।'

सिपाही ने लड़की को ऊपर से नीचे तक देखा। सुखिया का दुखिया चेहरा, मैले हाथ-पाँव, उलझे बाल, नन्हीं उम्र और सूखी चमड़ी देख उसे लगा, लड़की बेकार है, अभी तो बलात्कार के लायक भी नहीं है। सिपाही की दिलचस्पी अब दूकानदार में जगी। 'का हो जो एक दुकड़हे जाँघिए के लिए बाजार सिर पर उठाए हो?' सिपाही ने एक धौल दूकानदार पर धर दिया।

सिपाही के व्यवहार से भीड़ उखड़ने लगी, 'जिसका माल गया उसी को दबा रहे हो जी।'

'और नहीं तो क्या इसकी अम्मा को दबाएँ।' सिपाही ने मुँह से थूक उड़ाते हुए कहा।

सुखिया को गर्दन पर से उसने पकड़ ढीली कर दी और दुकानदार की बाँह थामने आगे बढ़ा।

सुखिया इस झाँय-झाँय का फायदा उठाकर लोगों की टाँगों के बीच से भाग निकली। जवाब-तलब की खातिर, सिपाही दूकानदार को चौकी तक ले गया और एक तरफ हटकर उसे डराने लगा। फिर एक जेब कतरे की सफाई से उसने दूकानदार की जेब से उसकी कमाई निकाल ली, चौंतीस रूपये और पचास पैसे।

दुकानदार ने बहुतेरे हाथ-पैर जोड़े पर सिपाही नरम नहीं पड़ा। उसने उसे बाहर धकेल दिया, 'भाग जा सीधे से नहीं तो दफा पच्चीस लगाकर अभी अन्दर कर दूँगा, समझे।'

इस बीच मौका पाकर कुछ मनचलों ने अकेली छूटी दुकान से कई बनियानें उठाईं और चलते बने।

सुखिया अब तक घर पहुँच चुकी थी और जाँघिया पहनकर अपने को बेहद सुरक्षित पा रही थी।

◆◆◆

झूठ

चिन्मय बाबू ने एक बार चिट्ठी पढ़ी, फिर उसके साथ संलग्न रचना पढ़ गए। रचना मेज पर रख कर उन्होंने फिर चिट्ठी उठाई। और दूसरी बार पढ़ गए। चिट्टी क्या थी चुनौती थी। चिट्टी में लिखा था 'प्रिय महोदय , यदि आप अपने को एक जाँबाज सम्पादक समझते हैं, तो मेरी कहानी छाप कर दिखाइए। एक निर्भीक लेखिका होने के नाते मैं सिर्फ दिलेर सम्पादकों को अपनी रचना भेजने की पहल करती हूँ। यदि अगले छः माह के अन्दर यह रचना आपके यहाँ नहीं छपी, तो मैं मान लूँगी कि बेबाक पत्रकारिता का जो नकाब आप ओढ़े हैं, वह नकली है।'

चिन्मय बाबू को अपने ठंडे हाथों में कुछ सनसनाता-सा लगा। शायद पत्र की पहली प्रतिक्रिया रक्तचाप पर हुई थी। यों तो वे दिनभर रचनाएँ पढ़ते थे। ज्यादातर आमंत्रित रचनाओं पर ही निर्णय लेते थे, पर कभी-कभी कोई अनामंत्रित रचना भी ध्यान खींच लेती थी। इस कहानी पत्रिका को उन्होंने अपने जीवन के सुनहरे-रुपहले सारे वर्ष दे दिये थे। पत्रिका के मालिक एक ठस्स दिमाग पूँजीपति थे, जो हर साल पत्रिका को बन्द करने की धमकी दिया करते थे। उनका कहना था कि चिन्मय बाबू बड़ी पालतू किस्म की कहानियाँ छापते हैं। अब जमाना धाँसू चीजों का है। चिन्मय बाबू कभी उन्हें यह ठीक से नहीं समझा पाये, कि धाँसू लेखक, धाँसू रचना, पाँच साल में एक बार लिखते हैं और उनकी पत्रिका को हर महीने ठोस मैटर चाहिये। मालिक कहते, 'चिन्मय बाबू

अब यह भावुक कहानियों का जमाना नहीं है। लोगबाग मसालेदार खाना और मसालेदार मैटर पढ़ना चाहते हैं, समझे!' चिन्मय बाबू मालिक के पके बालों की तरफ देखकर सिर, हिलाकर 'यस सर' कहते और बाहर आ जाते। उनकी गंभीरता को यह गवारा नहीं था कि वे लेखकों को खुल्लमखुल्ला कहें, कि आप हमें मसाला मैटर दीजिए। हाँ, कोई अपने आप ऐसा मैटर भेज देता, तो वे उसे फौरन शामिल कर लेते।

चिन्मय बाबू ने रचना पढ़ी। रचना में निहायत बेबाक बयानी थी, कुछ-कुछ आत्मकथा जैसी। यह एक ऐसे परिवार का ब्यौरा था, जिसमें किसी के मन में किसी के लिए कोई इज्जत नहीं थी। सब अलग ठिकाना चाहते हैं, पर सब साथ रहने के लिए अभिशप्त हैं। बीच-बीच में आक्रोशमय गालियाँ भी थीं और व्यवस्था के खिलाफ असन्तोष की अभिव्यक्ति। चिन्मय बाबू ने चश्मा उतारकर मेज पर रख दिया और खयालों में डूब गये। चश्मा उतारते ही चिन्मय बाबू दफ्तर से सैकड़ों किलोमीटर दूर चले जाते थे और चश्मा लगाते ही वापस दफ्तर लौट आते थे। चिन्मय बाबू को लगा यह कहानी उनके दिमाग पर असर कर रही है। क्या वे भी ऐसे नहीं थे अपने युवाकाल में, एक ताकतवर क्रुद्ध सिंह की तरह? क्या उन्हें भी व्यवस्था पर ऐसा गुस्सा नहीं आता था? सामने रचनाओं का अम्बार पड़ा था और ऐसे में एक अकेली कहानी पर इतनी देर लगाना उनके निकट अपराध से कम नहीं था, फिर भी वे कहानी एक बार और पढ़ गए। इस बार के पाठ के बाद उनके दिमाग में लेखिका की तस्वीर उभरी। उन्हें लगा यह जरूर कोई बीस-बाइस साल की आधुनिक संवेदनशील, विचारशील, प्रबुद्ध लड़की है, जो समाज से टक्कर लेने के लिए प्रतिबद्ध है। फिर उन्हें लगा कि बीस-बाइस साल की लड़की में इतना आक्रोश-असन्तोष नहीं हो सकता। उन्हें महसूस हुआ, हो न हो लेखिका की उम्र पच्चीस छब्बीस की होगी। अभी विवाह नहीं हुआ होगा। चिन्मय बाबू अनायास ही उत्तेजित हो गए। उन्होंने आँखों पर चश्मा चढ़ाया और फौरन हाथ से लिखकर स्वीकृतिपत्र

लेखिका को भेजा। साथ ही उन्होंने रूटीन में उससे चित्र और जीवन-परिचय भेजने का भी अनुरोध किया।

साढ़े चार बजे तक चिन्मय बाबू का सारा काम हो गया। दफ्तर से छूटने में अभी आधा घंटा शेष था। चिन्मय बाबू ने एक बार फिर अपना चश्मा उतारा और खयालों की रेलगाड़ी में बैठ गए। उन्होंने अपने अब तक के जीवन पर दृष्टि डाली और अफसोस से सिर हिलाया। नहीं, नहीं, नहीं। जीवन की यह परिणति तो उन्होंने कभी नहीं चाही थी। कैसे लड़ैत नौजवान थे वे। छात्र परिषद के अध्यक्ष थे, कवि थे, कहानीकार थे, दो तीन नाटकों में अभिनय भी किया था। बड़े-बड़े सपने थे उनके, विश्वभ्रमण तक के। पर...। यहाँ तक आकर उनके मुँह का स्वाद कड़वा हो गया। उनके माता-पिता ने कभी उनके सपनों का साथ नहीं दिया। उनके एम० ए० करते ही नौकरी की हाय-हाय शुरू कर दी। अपना-अपना गठिया और दमा का रोना रोते रहे। उन्हें एक दिन भी चैन से जीने न दिया। हार, झख मार कर उन्होंने एक प्रेस में प्रूफरीडरी शुरू कर दी। इसके फौरन बाद माँ उनका रिश्ता बनारस की एक गली के पुराने मुहल्ले में पक्का कर आई। जब उन्होंने अपनी इच्छा-अनिच्छा जतानी चाही, उन्होंने खाँसी और दर्द के अमोघ अस्त्रों से उन्हें धराशायी कर दिया। चिन्मय बाबू के लिये यह कहना मुश्किल था कि उनका जीवन शादी से पहले ज्यादा विकट था या शादी के बाद। शुरू से अब तक उनका जीवन समस्याप्रधान ही रहा। शायद इसीलिए उन्हें समस्याप्रधान कहानियों से लगाव था, जबकि मालिक घटना प्रधान साहित्य को प्रश्रय देना चाहते थे।

अगले ही हफ्ते लेखिका का चित्र तथा जीवन परिचय पहुँच गया। चिन्मय बाबू ने लिफाफा खोला। उसमें एक छोटा सा औपचारिक पत्र था, 'स्वीकृति के लिए आभारी हूँ। आपके द्वारा माँगी गई सामग्री भेज रही हूँ। प्रतिक्रिया से अवगत कराएँ।' चिन्मय बाबू ने चित्र देखा और विवरण पढ़ा। उनका अनुमान ठीक था। लेखिका की उम्र उन्तीस वर्ष थी। वह एक कालेज में प्रवक्ता थी और आजाद भारत की क्रुद्ध पीढ़ी

का प्रतिनिधित्व करती थी। चित्र उसके युवा और आक्रोशयुक्त होने की पुष्टि करता था। हालांकि सौन्दर्य का आश्वासन उसमें नहीं था, फिर भी चिन्मय बाबू चित्र और पत्र पर देर तक चिन्तन करते रहे। चिन्मय बाबू सन् 1955 के हिन्दी से एम० ए० पास थे। उनका विश्वास था कि उस समय का एम० ए० आजकल के डी० लिट० से भी ज्यादा विद्वान होता है। लेकिन इस वक्त उनकी समझ में यह नहीं आ रहा था कि सुश्री तेजस्विनी ने प्रतिक्रिया फोटो पर माँगी थी अथवा कहानी पर। उनके जीवन में ऐसे मौके बहुत कम आये थे जब इन चीजों पर उनकी प्रतिक्रिया मांगी गई हो। फोटो सम्बन्धी प्रतिक्रिया अब तक कुल एक बार माँगी गई थी, शादी के मौके पर और कहानी पर उनकी प्रतिक्रिया की जगह सिर्फ स्वीकृति/अस्वीकृति से ही लेखकों को सरोकार रह गया था। अक्सर जो लेखक उनके कार्यालय में आते, वे पारिश्रमिक के चक्कर में आते, बढ़वाने या बदलवाने। अपनी रचना पर प्रतिक्रिया माँगने जैसा प्रस्ताव कभी किसी ने नहीं किया।

चिन्मय बाबू ने चश्मा उतारकर मेज पर रख दिया। कुछ ही क्षणों में उन्हें लगने लगा जैसे वे एक रंगबिरंगी डोंगी में नदी की धारा में नौकाविहार कर रहे हैं। डोंगी बहुत धीमे-धीमे आगे बढ़ रही है। उनके रोम-रोम से कविता फूट रही है। आकाश नीला, निरभ्र है और तट नितान्त निर्जन।

चपरासी के आने से चिन्मय बाबू की तन्द्रा टूटी, लेकिन चश्मा लगा लेने पर भी उन्होंने अपने को उत्फुल्ल पाया। मैटर उन्होंने चपरासी को सौंपा और प्रेस के लिए हिदायत दी कि अब से सम्पादकीय के साथ सम्पादक का चित्र भी जाया करेगा। वे पत्रिका में थोड़ी नवीनता लाना चाहते हैं, ले आउट सम्बन्धी निर्देश वे शीघ्र देंगे।

प्रेस में चिन्मय बाबू की सिर्फ एक फोटो का ब्लाक पड़ा था। यह फोटो 1965 की थी। तब वे कविताएँ लिखते थे और इसी प्रकाशन की एक अन्य सचित्र पत्रिका के लिए यह ब्लॉक बनवाया गया था। जब

वह चित्र खींचा गया था, चिन्मय बाबू के सिर पर सघन बाल थे, आँखों पर चश्मा न था, और तब वे इकहरे बदन के थे। जब मैटर का मेकअप चिन्मय बाबू के पास भेजा गया, वे चौंक गए। अपना चित्र देखकर उन्हें लगा वे किसी और का चित्र देख रहे हैं। उन्होंने फोरमैन से कहा, 'यह तो बहुत पुराना फोटो है, कोई नया लगाइए।'

फोरमैन ने एक दुनियादार की तरह गर्दन हिलाई 'वक्त कहाँ है चिन्मय बाबू और फिर दूसरा ब्लाक भी कहाँ है? अंक लेट हो जायेगा तो बाबूजी चिल्लाएंगे।'

अंक निकला और वितरित हो गया। इस अंक के दो परिणाम सामने आए। एक, बहुत से पाठकों ने तेजस्विनी की कहानी की सराहना में पत्र-प्रतिक्रिया भेजी। दो, जो लोग चिन्मय बाबू को अब तक 'आदरणीय' शब्द से सम्बोधित करते थे, 'प्रिय' लिखने लगे। चिन्मय बाबू को बुरा नहीं लगा। भला प्रिय शब्द भी किसी को अप्रिय लग सकता है? अगले अंक में उन्होंने तेजस्विनी की कहानी पर आए समस्त पत्र छाप दिए।

वर्ष भर में तेजस्विनी ने उन्हें लगभग दस कहानियाँ भेजीं। चिन्मय बाबू ने सब की सब छापीं। इस बीच उन दोनों का पत्र-व्यवहार भी होता रहा। तेजस्विनी की सभी कहानियों में गुस्सा और असन्तोष था और वे लगातार पाठकों द्वारा पसन्द की जा रही थी। कई बार तेजस्विनी ने पत्रों में चिन्मय बाबू के प्रति कृतज्ञता जताई, कि उन्होंने उसकी प्रतिभा को उचित पहचान दिलाई।

चिन्मय बाबू में इधर बहुत तेजी से कुछ परिवर्तन हुए। वे आइने के सामने काफी समय बिताने लगे। उनकी ड्रेसिंग टेबिल पर क्रीम पाउडर और यूडीकोलोन की शीशियों की संख्या बढ़ने लगी। वे जी-जान से अपने गिने-चुने बालों की हिफाजत में जुट गए। उन्होंने पत्नी को हिदायत दी कि उन्हें रोज सुबह सात बादाम पानी में भीगे हुए मिलने चाहिए। अपनी भोजन सम्बन्धी आदतों पर उन्होंने ध्यान देना शुरू

किया। मलाई उन्हें शुरू से प्रिय थी, अब उन्होंने उसकी मात्रा बढ़ा दी। दूध भी वे जरा बड़े गिलास में पीने लगे। शाम को अक्सर वे किसी-न-किसी सभा-उत्सव में निकल जाते। समाज में उनका आदर तो था ही, अब लगाव भी बढ़ा। घर पर भी लोगों का आने-जाने का सिलसिला चल पड़ा।

इस सारे परिवर्तन से चिन्मय बाबू की पत्नी को बड़ी असुविधा हुई। यथास्थिति में वर्षों से पड़े-पड़े वे उसकी अभ्यस्त हो चली थीं। उनके दोनों बेटे अपनी-अपनी नौकरी पर अलग शहरों में रहते थे। उनके जीवन के अधिकांश काम खत्म हो चले थे और वे अब चैन से रहना चाहती थीं। ऐसे मुकाम पर पति का इतनी सक्रियता दिखाना उन्हें बड़ा नागवार गुजरा। जैसे रसोई खत्म करने के बाद उनसे चूल्हा जलाने को कहा जा रहा हो। चिन्मय बाबू तरह-तरह की फरमाइश करते। दोस्तों के आते ही उन्हें भूख लग आती। वे ऐसे-ऐसे व्यंजनों का नाम लेते, जो उनकी पत्नी ने बीस साल पहले कभी पकाए थे, पर अब उनका तरीका बिल्कुल भूल चुकी थी। वे असीमित थकान और खीझ के साथ पति की ओर देखतीं। चिन्मय बाबू पर कोई असर न होता। वे उसी तरह मस्ती में गुनगुनाते हुए घूमने निकल जाते।

दफ्तर में भी उनकी चुस्ती से सब चकित थे। आजकल चिन्मय बाबू पत्रिका में बहुत रुचि ले रहे थे। अब तक वे सिर्फ नौकरी करते थे, अब सम्पादन भी कर रहे थे। इसका असर पत्रिका की बिक्री और वितरण पर भी पड़ा। दफ्तर के काम के सिलसिले में दिल्ली जाने की बात उठी, तो चिन्मय बाबू सहर्ष तैयार हो गये। इससे पहले वे बाहर जाने के नाम पर बिदकते थे, लेकिन इस बार उन्होंने मालिक से कहा, 'आप क्यों परेशान होते हैं, मैं, ही चला जाता हूँ। ये उप-सम्पादक ठीक से जन-सम्पर्क नहीं कर पाते हैं।'

दिल्ली यात्रा के दौरान रात भर वे अपनी गद्देदार बर्थ पर लेटे सपनों का आनन्द लेते रहे। उन्हें लगा गाड़ी बहुत धीमे चल रही है। उनका

मन गाड़ी से तेज चल रहा था। दिल्ली पहुँचकर दफ्तर के काम वे कल पर टालने वाले थे। सबसे जरूरी काम उनके सामने था, नई रचनाकार तेजस्विनी से मिलना। अपने आने की सूचना वे दे ही चुके थे। इससे पहले कभी, किसी रचनाकार को लेकर उनके मन में इतनी प्रफुल्लता नहीं हुई थी। लेकिन तेजस्विनी को लेकर उनके मन में एक कृतिकार का गर्व और हर्ष था। उन्हें विश्वास था कि वह उनके प्रति अतिशय कृतज्ञता से भरी होगी। उन्होंने तय किया कि वे उसके साथ किसी बढ़िया रेस्तराँ में जाकर खाना खायेंगे और अपनी पत्रिका की आगामी योजनाओं पर उससे बहस करेंगे। बड़ी शिद्दत से सोचते-सोचते यह खयाल इतना असल बन गया कि उन्हें लगने लगा जैसे एक नहीं, अनेक बार वे तेजस्विनी के साथ चाय पर, लंच पर, बहस कर चुके हैं।

जिस समय गाड़ी दिल्ली स्टेशन पर पहुँची सुबह के सात बजे थे। चिन्मय बाबू सुबह छः बजे से हाथ-मुँह धोकर, तैयार हो गये थे। प्लेट-फार्म पर भीड़ थी, पर स्वागत करने वाला कोई नहीं था। वे अपनी अटैची लेकर उतर गये। थोड़ी देर उन्होंने इधर-उधर देखा। अखबार खरीदने के इरादे से वे स्टॉल पर गये। वहाँ एक परिचित हॉकर ने उन्हें देखकर दूर से ही हाँक लगाई, 'नमस्कार चिन्मय बाबू, कैसे?'

'अच्छा हूँ, आप केसे हैं?' चिन्मय बाबू ने अखबार खरीदते हुए कहा।

स्टॉल पर खड़ी एक प्रौढ़ महिला ने चौंक कर उनकी तरफ देखा।

'आप चिन्मय बाबू हैं, कहानी पत्रिका के सम्पादक?'

'जी।'

'मुझे तेजस्विनी कहते हैं, नमस्कार।' महिला ने नमस्कार किया।

चिन्मय बाबू ने उसकी तरफ ध्यान दिया। हद से ज्यादा रूखा चेहरा, सूखे-सफेद बाल, भूरी साड़ी और बायफोकल चश्मे से झांकती जिज्ञासु दृष्टि। हताशा और थकान से हतबुद्धि चिन्मय बाबू को यकायक लगा जैसे वे किसी गलत स्टेशन पर उतर गये हैं।

तेजस्विनी ने चिन्मय बाबू पर एक गहरी, पैनी नजर डाली—दोहरा बदन, नाटा कद, सांवला रंग, चश्मे में से देखती दो थकी आँखें, सिर पर थोड़े से खुश्क बाल, समय से दस साल पहले की पैंट और बुश्शर्ट। कुल मिलाकर यह एक गैर कलाकार व्यक्तित्व दिखाई दे रहा था। उसे लगा वह किसी गलत मेहमान का स्वागत करने आ गई है।

कुछ क्षणों की चुप्पी के बाद तेजस्विनी ने अपनी भारी आवाज में कहा, 'आइये, स्टॉल पर चाय पीते हैं।' दोनों प्रौढ़ थे। और परिपक्व। चाय पीते-पीते वे न केवल सँभल चुके थे, वरन् एक-दूसरे को माफ भी कर चुके थे। आखिर दोनों का भ्रमजाल टूटा था। दोनों ने एक ही अनुपात में झूठ बोला था। जब दोनों पक्ष झूठे निकले तो सफाई देने का काम अपने आप आसान हो जाता है। कुछ ही देर में वे दोनों सहज बातचीत में लग गये। पत्रिका के लिए अपनी बहस का विषय भी उन्होंने चुन लिया। विषय था 'क्या झूठ बोलना रचनात्मक आदमी की मजबूरी होती है?'

♦♦♦

शॉल

'इस साल गजब की ठंड पड़ रही है।' शर्मा बहनजी ने शॉल खूब कसकर लपेटते हुए कहा। मिस बीना रहेजा नई-नई आई थी। उसने साड़ी के साथ मेल खाता पतला-सा नायलॉन ब्लाउज पहना हुआ था। उसे बड़ा अजीब लगा कि अभी नवम्बर भी खत्म नहीं हुआ और सभी टीचरों ने शॉल निकाल लिये। कुछ तो मोजे भी पहनकर आने लगी थीं। उसने कहा, 'ठंड हर साल पड़ती है। फिर भी हर साल लोग कहते हैं कि इस साल ठंड गजब की है।'

'तुम्हारी उमर पर तो ठंड में भी गरमी लगा करती है वीना रानी?' शर्मा बहनजी ने कहा और पन्नी में से ऊन सलाई निकालकर बुनाई शुरू कर दी।

'अरे, अभी तक चाय नहीं चढ़ाई ननकी ने। ननकी, ओ ननकी, कहाँ मर गई।' मालवीय बहनजी ने दोनों दरवाजों से बारी-बारी झांका, 'बताओ, एक ही तो फ्री पीरियड होता है मेरा, उसमें भी चाय तैयार न हो तो चाय क्लब जॉयन करने का फायदा क्या? हर महीने साढ़े चार रूपये डूब जाते हैं मेरे।'

मालवीय बहनजी चाय पर बहुत जोर देती थीं। अगर एक भी दिन वे चाय न पी पातीं तो कहतीं, उन्होंने हफ्ते भर से चाय नहीं पी। कपूर मैडम की आवाज हर वक्त भर्राई रहती थी। वे हमेशा दवा खाती रहतीं, लेकिन उनका गला कभी ठीक न होता। वे भर्राये गले से बोलीं; 'गरम चाय पीकर क्लास में जाएँ तो कुछ आवाज निकले।'

ननकी हाथ में मूँगफली का पुड़ा लेकर जैसे ही स्टाफ रूम में घुसी सारी टीचरें उस पर बरस पड़ीं, 'ऐन चाय के समय तुम कहाँ घूमती रहती हो। यह मूँगफली लाने का टाइम है या चाय देने का।'

बिना कुछ कहे ननकी ने जल्दी से स्टोव जलाया और चाय का पानी चढ़ा दिया। मूँगफली उसने प्लेट में डालकर तिवारी बहनजी को दे दी। तिवारी बहनजी का पोता आज उनके साथ आया था। मूँगफली उसी के लिए आयी थी।

तिवारी बहनजी ने ननकी की तरफ बिल्कुल ध्यान नहीं दिया और मूँगफली छीलकर बबलू को खिलाने लगी।

'कंजूस, मक्खी चूस।' मन ही मन कहा ननकी ने और स्टोव की तरफ मुड़ गयी।

'सिर्फ दस मिनट रह गये हैं घटी बजने में। मैं पूछती हूँ, चाय आज मिलेगी या कल?'

'बस बहनजी, पानी खौल जाय तनी।'

'यह इत्ता हंडा भर पानी किसने कहा तुझे चढ़ाने को, पहले मेरी एक कप चाय बना देती।'

ननकी ने जवाब नहीं दिया। ननकी को खुद भी चाय की जल्दी थी। दरअसल उसे ठंड बहुत लग रही थी, इसीलिए वह मूँगफली वाले के यहाँ धूप में कुछ देर खड़ी रह गयी थी। आठ-दस मूँगफली वह पहले ही पेट में डाल चुकी थी। सोचा तो उसने था कि कोई बहनजी समोसा मंगायेगी तो उसका नाश्ता हो जायेगा, पर समोसे का कोई कार्यक्रम नहीं बना।

ननकी बड़ी बहनजी की चाय लेकर गयी तो देखा, बड़ी बहनजी आज काफी अच्छे मूड में हैं। उसने चाय उनके आगे रखी और धीरे से कहा, 'पी लें बहनजी, इत्ती जून बड़ी ठंड पड़ रही है।'

बड़ी बहन जी बैठे-बैठे फाइल से उलझ रही थीं। उन्हें ऐसे में चाय का प्याला देखकर बड़ी राहत मिली। उन्होंने ननकी की तरफ स्नेह से देखकर कहा, 'ठिठुर रही हो, शॉल कहाँ गया तुम्हारा। मैंने पिछले साल ही तो दिया था।'

'अरे बहनजी पूछें न कुछ। वह शॉल हमार भौजाई ले लिहिन। इत्ता बढ़िया शॉल रहा, बदले में अपनी पुरानी रजाई दिये रही भौजाई। आप जाने बहनजी, दिन तो धूप के आसरे, चाय के आसरे कट जाये, पर रात भारी पड़ जाती है।'

'हम जो भी कपड़ा तुम्हें देते हैं, तुम भौजाई को दे डालती हो।'

'नहीं बहनजी।' ननकी ने कानों को हाथ लगाया, 'अब हम उनकी बातों में न आब।' उसने हाथ जोड़े, 'इस बार हमें एक शॉल दे दो बहनजी, हम जिन्दगी भर संभालबै।'

'हमने तुम्हारा ठेका लिया है। और इतनी बहनजी हैं, उनसे माँगो। सबके कपड़े पुराने होते हैं।'

'अरे बहनजी, आप सरीखे मनई थोरो होते हैं सब। कपूर बहिनजी तो इत्ती कंजूस हैं, कभी फटा ब्लाउज तक नहीं देती हाथ पर। तिवारी बहनजी कपड़े की बदली बर्तन लेती हैं। आपके सिवा हम कोऊ से नहीं माँगित।'

'अच्छा जाओ, अपना काम करो।'

बड़ी बहन जी यों तो अपने चतुर्थ श्रेणी कर्मचारियों के लिए सहृदयता रखती थीं, पर खर्च के नाम से उन्हें घनघोर चिढ़ थी। एक साल उन्होंने सर्दियों में घंटाघर से खरीदकर चपरासी को कोट, चौकीदार को कम्बल और बाई को शॉल मँगा दिया था। पहले तो कर्मचारियों ने खुश होकर कपड़े ले लिए, लेकिन अगले ही दिन वे कपड़े उनके आफिस में लाकर उन्होंने पटक दिये, 'हमें नहीं पहनने ये गरम कपड़े। ये मरे मुर्दों के कपड़े हैं।'

बड़ी बहनजी का पारा चढ़ गया। पारा चढ़ने पर बड़ी बहनजी बहुत अटपटी हिन्दी बोलती थीं, 'कौन बोला, ये मुर्दे के कपड़े हंय। ये कपड़े मुरदाघर से मंगाया मैं कि घंटाघर से मँगाया, बोलो। अब प्रूफ करो कि ये मरे मुर्दे के हैं। बिना प्रूफ के हम कोई बात नहीं सुनेगा।'

कर्मचारियों ने कोई प्रूफ नहीं दिया, लेकिन कपड़े भी नहीं उठाये। आखिरकार वे कपड़े एन० सी० सी० रूम में डाल दिये गये, जहाँ यूनिफार्म भरे रहते थे।

बड़ी बहनजी ने मन ही मन कसम खायी थी कि अब इन सबको ठंड से अवसन्न देखकर भी कभी द्रवित नहीं होंगी, पर ठंड के शुरू होते ही वे बड़ी गहरी मार्मिकता से भर गयीं। अपना कीमती शॉल बदन से लपेटते हुए वे सोच रही थीं, कैसे अपने कर्मचारियों को ठंड से छुटकारा दिलाएं। निश्चित ही उनकी मार्मिकता का प्रत्यक्ष सम्बन्ध रुपये पैसे की उदारता से नहीं था, वरन् एक ऐसी काकदृष्टि से था, जिसके अंतर्गत अंततः लाभ और यश खुद उन्हीं को प्राप्त होता था। चाय खत्म करते करते तक वे निर्णय ले चुकी थीं।

स्टाफ रूप में उनकी घोषणा के समय तो सभी ने सहमति में गर्दन हिला दी, लेकिन बाद में बड़बड़ाहट का दौर शुरू हआ। बड़ी बहनजी ने कहा था कि कल सभी अध्यापिकाएं उनके पास दो-दो रूपये जमा करें, एक मानवतावादी कार्य के लिए उन्हें यह चंदा चाहिए। बात यह नहीं थी कि दो रूपये देना टीचरों के लिए मुश्किल था, बात दरअसल यह थी हर महीने किसी न किसी बहाने कोई न कोई चंदा उनके सिर ठोक दिया जाता। बड़ी बहनजी कभी कोई झंडा खरीदना अनिवार्य बना देतीं, कभी कोई रैफिल। उनकी हर योजना की बिजली स्टाफ के ऊपर ही गिरती। फिर इस बार तो यह भी नहीं बताया जा रहा था कि योजना क्या है।

कुढ़ने और चिढ़ने के बावजूद अगले दिन ग्यारह बजे तक बड़ी बहन जी की मेज पर डेढ़ सौ रूपये जमा हो गये। दो तीन टीचरों ने

कैजुअल लीव ले ली थी। उन्हें चंट, कमीनी और स्वार्थी की उपाधियाँ दी गई।

वह तो स्टाफ को अगले ही दिन मालूम हुआ कि ये चंदा ननकी के लिए जमा किया गया था। चाय के वक्त बड़ी बहनजी ने स्टाफ रूम में आकर बाकायदा, बाइज्जत शॉल का पैकेट ननकी को दिया और मानव प्रेम पर छोटा-सा व्याख्यान स्टाफ के सदस्यों को।

शॉल सुन्दर था। ननकी छोटे से कद की दुबली-पतली औरत थी। उसे स्कूल में काम करते ग्यारह साल हो गये थे, लेकिन उसकी नौकरी अभी भी कच्ची थी। कच्ची नौकरी कैसे पक्की होती है, यह ननकी को मालूम नहीं था। बस, इतना मालूम था कि कच्ची नौकरी वालों को पक्की नौकरीवालों से आधा वेतन मिला करता है। इन सवालों पर संघर्ष करना ननकी ने छोड़ दिया था और अपनी हर समस्या को तकदीर के खाते में डालती जा रही थी। उसकी उम्र की सही जानकारी खुद उसे भी नहीं थी, पर कपड़ा उसके ऊपर खिल उठता था। नीले रंग के शाल में गुलाबी चारखाना बना हुआ था। बड़ी बहनजी ने उसे शॉल ऐसे उढ़ाया, जैसे राष्ट्रीय पुरस्कार प्राप्त करते हुए जर्जर कलाकारों को राष्ट्रीय नेता उढ़ाया करते हैं। टीचरों ने कुढ़ते-कुढ़ते तालियाँ बजायीं और इस तरह यह छोटा सा मानवतावादी काम सम्पन्न हुआ।

ननकी ने रातोंरात अपनी मैली बदरंग धोती को गुलाबी रंग में रंग डाला, गुलाबी धोती के साथ, नीला शॉल खूब खिलेगा। उसने एक गुलाबी चुटीला खरीदा और अगले दिन बड़े मनोयोग से तैयार हो, शॉल लपेट जब वह काम पर पहुँची, उसे अपना आप किसी टीचर से कम नहीं लग रहा था।

पहले पीरियड में ही तिवारी बहनजी ने ननकी को क्लास में बुला भेजा। ननकी जैसे ही उनके पास पहुँची वे बरसने लगीं, 'यह मेज साफ की है, तुमने, नीचे जाले ही जाले लगे हैं, कुर्सी पर इतनी धूल है, मेरी

सारी साड़ी खराब हो गयी। तुम्हें तो नया शॉल पहनकर बड़ी अकड़ हो गयी है, सफाई का काम मेरा है या तुम्हारा?'

'साफ किये थे बहनजी।' ननकी ने कहा और घबराहट में नंगे हाथ से ही जाले हटाने लगी।

'मैं क्या झूठ बोल रही हूँ, आने दो बड़ी बहन जी को।'

तब तक एक छात्रा ने उठकर अपने रुमाल से कुर्सी झाड़ दी। ननकी क्लास से निकल गयी।

बरामदे में मालवीय बहनजी रजिस्टर हाथ में झुलाती हुई आ रही थीं, उन्होंने कहा, 'ननकी जरा जल्दी से चाय तो बना दो, मुझे लगातार क्लास लेनी है।'

ननकी चाय की तैयारी में लग गयी। चाय बनते ही स्टाफ रूम में टीचरों की संख्या बढ़ गयी। ननकी ने अभी सिर्फ एक पतीला चाय बनायी थी। सोचा था, दो-चार कप बहनजियों को देकर वह अपना स्टील का ग्लास भर लेगी ओर धूप में बैठकर मजे से पियेगी, पर चाय तो थोड़ी पड़ गयी।

सिद्दीकी बहनजी ने गुस्से में दाँत किचकिचाये, 'लो बोलो, चाय खत्म भी हो गयी, तुमने हमें पूछा तक नहीं। ऐ ननकी तेरे शॉल में हमने भी चंदा दिया है, तू हमीं से चालाकी करती है।'

'नहीं, बहनजी, अभी पानी चढ़ा रही हूँ, आप दो कप पी लेना।'

'नहीं, अब हम तेरे हाथ की चाय नहीं पियेंगे तुझे तो बड़ी शान चढ़ी है।'

ताब ही ताब में सिद्दीकी बहनजी रामदीन को आवाज देने लगीं, 'ए रामदीन, हमारी चाय बाहर से लाओ...'

तभी बड़ी बहनजी आ गयीं। उन्होंने घड़ी की तरफ देखा। यह तीसरा पिरीयड था। कायदे से इस समय सबको अपनी-अपनी क्लास में होना चाहिए था, पर स्टाफ रूम में तो मेला लगा हुआ था। बड़ी बहन

जी ने एक कठोर दृष्टि स्टाफ रूम के अन्दर डाली और रोब से आवाज दी, 'ननकी।'

ननकी के सामने आते ही वे उस पर बरस पड़ीं, 'कितनी बार तुम्हें कहा है कि चौथे घंटे के पहले चाय न बनाया करो, पर तुम्हें तो आते ही चाय की पड़ी रहती है। कर दिया न काम का कबाड़ा। लड़कियों का टाइम हर्ज कर ये सब चाय पी रही हैं, इसके बाद कहाँ सीधी क्लास में जायेंगी, अभी तो ये बाथरूम जायेंगी, फिर साड़ी ठीक करेंगी, सब तुम्हारी वजह से बिगडी हैं।'

'नहीं बहनजी मालवीय बहनजी की तबियत खराब थी...।'

'मालवीय बहनजी की तबीयत ठीक कब रहती है। उनसे कह दो अपनी चाय थर्मस में लेकर आया करें। कल से चाय तब बनेगी, जब मैं कहूँगी।'

'अच्छा जी।'

'अब आज मेरी चाय रक्खी है या उसे भी पी गयी।'

'अभी लाई बहनजी।'

ननकी स्टाफ रूम की ओर लपकी। स्टाफ रूम खाली था। पानी स्टोव पर उबल रहा था। ननकी ने जल्दी से स्पेशल चाय बनायी। बड़ी बहनजी को काँच के गिलास में भर कर दी और अपना गिलास भर कर धूप में स्टूल पर रखा ही था कि रामदीन आ टपका, 'चलो, चलकर हॉल कमरा की पौछाई करो। पौने एक बजे टी. वी. देखाया जाई, तब तुम्हारी मरम्मत होबे करी।'

'तनी चाय पी लें।'

'रुकी राहो, हमहू, पियाला लेत आब। तुम इत्ती चा क्या करोगी।'

जब तक चाय का बँटवारा हुआ, चाय ठंडी हो चुकी थी। एक घूँट में सुडुपकर वे दोनों हॉल की तरफ चल दिये।

शाम तक बारी-बारी से कई बहनजियों का कोप ननकी पर उतरा। ननकी की तबीयत भन्ना गयी। जिसे देखो, शॉल पर ताने दे रही है।

उसे बड़ी बहनजी पर भीषण गुस्सा आया। उसने उनसे नया शॉल तो माँगा नहीं था। उसने गरम कपड़ा मांगा था, यह फजीहत नहीं माँगी थी। हालत यह हो गयी कि सुबह जो शॉल उसकी देह को नरम-नरम और सुखकर लग रहा था, शाम तक उसे घटिया, खुरदरा और ठंडा लगने लगा। उसके बदन पर शॉल जैसे काट रहा था।

आखिरी पीरियड खेलकूद का था। सभी टीचरें इस वक्त खाली थीं। कई बुजुर्ग टीचरें अपनी कुर्सी धूप में निकालकर बैठ गयीं। बड़ी बहनजी की इच्छा तो थी कि वे भी बाहर जाकर धूप खायें, लेकिन उनका ख्याल था कि ज्यादा मिलजुल कर बैठने से टीचरें सिर पर चढ़ जाती हैं। अतः मन मारकर वे अपने हीटर के सहारे कमरे में ही बैठी रहीं।

तिवारी बहनजी ने मूंगफली मंगाई। अलग से एक रुपया ननकी को देकर बोलीं, 'जरा जल्दी से फाटक पर से मुझे एक कप गरमागरम चाय ला दे। यह ले चाभी। लॉकर में से मेरा ग्लास निकाल ले।'

ननकी ने आदेश का पालन किया। फाटक पर चाय वाले ने तभी ताजी चाय बनाई थी। चाय वाले को ननकी बड़ी अच्छी लगती थी। बाकी चपरासिनें उसे टेढ़ी-मेढ़ी और बदमिजाज लगती थीं, जो किसी न किसी वजह से उससे तकरार मोल लेती थीं, पर ननकी कभी जुबान दराजी नहीं करती थी।

'बड़ी जंच रही हो आज।' चाय वाले ने चाय बनाते हुए कहा तो ननकी के गालों पर गुलाब खिल गये। चाय वाले ने उत्साह में गिलास ऊपर तक भर दिया।

'तनि कम करो, लेके कैसे जाब?'

'जरा ठुमके से चलना छोड़ दो तो ना छलकी।' चाय वाले ने रस भरी दृष्टि से उसे देखा और एक कागज का टुकड़ा थमा दिया।

ननकी ने गिलास कागज के सहारे पकड़ा और अन्दर चली। गिलास बहुत गरम था। किसी तरह धोती को पल्लू को तह पर रखकर ननकी ने ग्लास बहनजी तक पहुँचाया। तिवारी बहनजी चाय पकड़ ही

रही थीं कि मैदान में खेलती एक लड़की का धक्का ननकी को लगा और चाय का ग्लास उसके हाथ से छूटकर तिवारी बहनजी के ऊपर। तिवारी बहनजी गुस्से से पागल हो गयीं, 'ननकी तुमने तो हद ही कर दी। खुद नया शॉल क्या ओढ़ लिया, दूसरों के कपड़ों को तुम टाटपट्टी समझने लगीं। शरम नहीं आती, चाय गिरा दी। मेरा तीन सौ का शॉल खराब कर दिया, बदतमीज कहीं की।'

तिवारी बहनजी स्टाफ रूम की तरफ चल दीं। उनके साथ बैठी टीचरें छुट्टी की घंटी का इंतजार कर रही थीं। उन्होंने घुड़का, 'ए ननकी, कब का साढ़े तीन बज गया, तुम्हें आज घंटी बजानी है या वह भी हम करें। बाबा रे बाबा, ऐसा शॉल भी किस काम का! तुम काम की ही न रहीं। हमने तुम्हें शॉल दिया है कि बला मोल ले ली।'

सबके चले जाने के बाद बड़ी बहनजी ने जाने की तैयारी की। तैयारी के अन्तर्गत पानी पीना, बाथरूम जाना और अपने शैतान भतीजे के लिए रंगीन चॉक पर्स में डालना जैसे कार्यक्रम हुआ करते थे। तभी ननकी उनके कमरे में दाखिल हुई। उसके कंधों पर शॉल नहीं था। उसने पुराने अखबार में लिपटा अपना नया शॉल बड़ी बहनजी की मेज पर रख दिया और हाथ जोड़कर बोली, 'बहनजी, यह शॉल आप लेत जाएं, हमका ना चाही।'

'क्यों, यह भी मुरदाघर का लगता है तुमको। रसीद दिखा दें, कहाँसे लाए हैं?'

'नहीं बहनजी, आपके हाथ जोड़ित हैं, हम शॉल न लेब। सुबह से मार फबती सुन-सुन हमार छाती फट गयी।'

बड़ी बहनजी ने असीम करुणा से ननकी को देखा। वह बहुत दुखी लग रही थी। बड़ी बहनजी के अन्दर अपनी साथी टीचरों के लिए असह्य क्रोध का ज्वार उठा। इनके अन्दर मानवता तो रही ही नहीं है। एक-एक को कसेंगी कल से वह। यह नया कार्यक्रम हाथ में आते ही वे शांत हो गयी, शॉल उन्होंने लापरवाही से एक कोने में डाल दिया।

◆◆◆

इरादा

शांति का मन बन्द रोशनदान में पखेरू की तरह फड़फड़ा रहा था। जितनी देर वह काम करती, उसे ख्याल न आता, पर दो पल भी खाली होते ही उसका मन चिंता से अकुला जाता। तीन महीने उसे आए हो गए। जब वह घर से चली थी, माँ की तबीयत ठीक नहीं थी। उनकी देह की सारी क्रियाएं ही उलट-पलट गई थीं। एक दिन उन्हें पेचिश पड़ती, दूसरे दिन कब्ज की शिकायत हो जाती, एक दिन उनका रक्तचाप इतना बढ़ जाता कि वे रातभर सो नहीं पाती, दूसरे दिन उनका रक्तचाप इतना गिर जाता कि वे करवट भी अपने आप नहीं ले पातीं। डाक्टर दवा देता और साथ ही शांति से कहता, 'आपको पता है, आप की माँ अब वृद्ध हो गयी हैं, उनकी उम्र ही उनका सबसे बड़ा रोग है।' शांति माँ की तरफ देखती। उसे अपनी माँ आज भी वैसी ही लगतीं जैसी दस साल पहले लगतीं थीं। बूटे-सा कद, गुड़िया-सा शरीर और चम्पे-सा रंग ! लेकिन तरह-तरह के रोग माँ की देह को दीमक की तरह खा रहे थे।

शांति मुश्किल से दस दिन को मैके जाती कि पति की चिट्ठी आ जाती, जल्दी चली आओ, सबको परेशानी हो रही है।

शांति के दिमाग में दोतरफा बेचैनी छा जाती। एक तरफ उसे माँ का पीला चेहरा दिखता, दूसरी तरफ शंकर की सुस्त सूरत। जब वह माँ के कमरे में खाना ले कर जाती माँ के चेहरे पर हल्की-सी चमक आती,

वे कहतीं, 'सच्ची शांति पूरे एक बरस बाद गरम रोटी खा रही हूँ। नहीं तो मेरा क्या है, अकेली जान, सुबह का शाम, और शाम का सुबह खाया तो खाया नहीं वैसे ही चुप लगा कर सो गई।'

शांति माँ को नहीं बताती, लेकिन पता नहीं कैसे वे समझ जातीं कि चिट्ठी दामाद की है। वे कहतीं, 'शांति, मैं बिल्कुल ठीक हूँ, तू जा! तू आ गई, तुझे आँख भर देख लिया, यही बहुत है। यह तो उसका बड़प्पन है कि तुझे हर साल भेज देता है, नहीं तो मालूम है न, तेरी बड़की मौसी की क्या दशा थी ! एक बार शादी हो कर गई तो कभी पीहर की दहलीज पर पाँव नहीं रख सकी। जाने कौन बात से उसके ससुराल वाले नाराज थे, बस कभी भेजा ही नहीं। तेरी नानी आखिर तक उसके लिए कलपती रहीं, पर वह उनके मरने पर ही आई ! तू शाम ही की गाड़ी से चली जा।'

शांति ने लाख कोशिश की कि विदा के समय माँ की आँखों से उस, की आँखें न मिलें, पर कंधे से अलग होते-होते उसकी नजर टकरा ही गई। विदा की आँखें ऐसी होती हैं, शांति ने सोचा। माँ के रोम-रोम की भाषा उन आँखों में सिमट आई थी। कितनी थकान, लाचारी कमजोरी थी, उन आँखों में! सबसे ज्यादा शांति इस बात से घबराई थी कि उन आँखों में फिर मिलने की कोई आस नहीं थी। एकदम बुझी हुई नजर थी वह !

'अगर ज्यादा बीमार पड़ गई तो दवा कौन ला कर देगा' जैसे सवाल शांति ने जानबूझ कर होंठों के पीछे दबा लिए। जिन सवालों का उत्तर वह खुद नहीं दे सकती, माँ क्या देतीं!

'किसी से चिट्ठी लिखवा कर डलवा देना' शांति ने कहा और रिक्शे की ओर बढ़ गई।

लौट कर शांति अपने घर-संसार में घिर गई। उसका पति कचहरी में मुंशी था, लेकिन घर में हाकिम से कम नहीं। शांति सारा दिन घर में

फिरकी की तरह नाचती। अगर किसी दिन वह अपनी थकान का इजहार करती, उसका पति त्यौरी चढ़ा लेता, 'सारा दिन घर में पड़ी रहती हो, उस पर भी चोंचले। आठ घंटे दफ्तर में ड्यूटी बजाओ तो पता चले, क्या होती है थकान?'

हर बार यही नाटक होता, हर बार शांति के मन में एक भक्-भक् गुस्सा उबलता, 'मैं क्या इस घर की बंधुआ मजदूर हूँ जो मुझे सुस्ताने का भी हक नहीं, 'बीमार पड़ने की भी आजादी नहीं।'

स्कूल में शांति ने पढा था कि हर कर्तव्य के साथ-साथ हमें एक अधिकार भी मिलता है, लेकिन शादी के बाद इन तीन सालों में उसने पाया कि परिवार के काम कुछ इस प्रकृति के हैं, कि उनमें कर्तव्य में से और कर्तव्य जन्म लेते हैं, अधिकार नहीं। दफ्तर जाने के सिवा और सभी काम उसके कर्तव्य-क्षेत्र में आते थे। उसके काम के घंटों की कोई सीमा नहीं थी।

कभी-कभी शांति की सास भी आ जातीं। उनका आना शांति को बुरा नहीं लगता, क्योंकि वह वाकई उनकी इज्जत करती थी। उसे यह भी अच्छा लगता कि जब वह घर के छोटे-बड़े काम पूरे करे, उसके आसपास कोई बैठा हो। घर में कोई बच्चा भी नहीं था, हालांकि शांति इन तीन सालों में दो बार गर्भवती हुई थी। दोनों ही बार गर्भस्थ शिशु तीन माह का हो कर नष्ट हो गया। वे सभी प्रकरण शांति के मन पर घाव छोड़ गये थे।

क्योंकि इन दिनों माँ यहीं पर थीं, शांति ने सबसे पहले उनसे अपनी परेशानी कही, 'माँ, न जाने क्यों तीन महीने से अम्मा की कोई चिट्ठी नहीं आई! मेरा मन बड़ा कच्चा-कच्चा हो रहा है।'

माँ ने अपनी दुखती टाँगों पर हाथ फेरते हुए कहा, 'तू एक चिट्ठी और डाल दे।'

'जाने कब चिट्ठी पहुँचे, कब जवाब आए, मेरा जी तो बड़ा घबरा रहा है।'

'बस, तेरी यही बात मुझे बुरी लगे है शांति !' माँ ने कहा, 'तूने अपने मन में ठान ली है जाने की, तो सीधे से बोलती क्यों नहीं! बात को कांतर की तरह नचाए जावे।'

शांति को चोट लगी। उसने सोचा था माँ उसे तसल्ली देंगी, पर उन्होंने तो पुराण खोल दिया।

'इधर मैं मरासू पड़ी हूँ, न टाँग चले, न हाथ। इसकी कोई फिकर नहीं उधर से दो दिन चिट्ठी न आए तो दौरा पड़ जाता है, तुझे ! दूध पीती बच्ची तो है नहीं तू जो याद आ गई और रोबै बैठ गई! यों जरा-जरा सी बात पर आँख-नाक सुजाएगी तो तेरी गिरस्ती कैसे चलेगी।'

माँ की बातें सही थीं, पर शांति को गलत लगीं। जब कभी वह अपनी माँ का जिक्र करती, माँ अपना रोना ले कर बैठ जातीं। उन्होंने कभी यह न सोचा कि यहाँ उनकी देख-रेख करने वाले तो दो हैं, वहाँ उसकी माँ की देख-रेख करने वाला कोई भी नहीं है। अकेली पड़ी हैं, बीमार पड़ जाएँ तो कोई एक गिलास पानी तक पकड़ाने वाला नहीं घर में।

शाम को शंकर कचहरी से लौटा तो माँ अपनी चाय का गिलास ले कर उसके पास बैठ गई। शंकर ने पूछा, 'अम्माँ तबियत तो ठीक है तुम्हारी!'

'तेरी अम्मा की तबीयत को क्या हुआ है। आज मरो, कल दूसरा दिन ! जिसकी तबीयत खराब है, उसकी खातिर तो यहाँ दौड़े पड़ रहे हैं; बिस्तर बँध रहे हैं !'

शंकर ने शांति की तरफ तैश से देखा, 'यह क्या नौटंकी करती रहती हो तुम लोग?'

माँ ने तुनक कर मुँह बिचकाया, 'इसी से पूछो। कहती है, माँ की चिट्ठी नहीं आई है, येई मैके जावे को तैयार ठड़ी है। मैं कहूँ, निकाल अब बैंक से खड़ी चोट दो सौ रुपया और भेज इसे मायके।'

'अभी तो तुम घर से लौटी हो, अब जाने की क्या बात पड़ गई?'

शांति चुप।

माँ अपना और शंकर का खाली गिलास ले कर उठ गई, 'मेरे आगे मुँह का ताला थोड़े ही खोलेगी! पर जाएगी यह जरूर, इत्ता मैं जानूँ।'

शंकर ने ऐंठ कर कहा, 'सीधे-सीधे बता दो, साल में कितनी बार तुम्हारी सवारी निकला करेगी, उसी हिसाब से कमाई किया करूँ?'

शांति की आँखें भर आईं। 'अम्मा की कोई चिट्ठी नहीं आई, मेरा जी घबरा रहा है।'

शंकर ने देखा, शांति का चेहरा कातर हो रहा है। उसका मन कोमल हो आया। इसी तरह तो वह हो जाता है, जब उसकी माँ उसके यहाँ से दूर चली जाती हैं! तब न उससे खाया जाता है, न हँसा-बोला जाता है।

रात बिस्तर पर उसने शांति का मुँह अपनी तरफ घुमा कर कहा, 'क्यों रूठी हुई हो? कल मैं बैंक से रुपये मँगा कर तुम्हें रात की गाड़ी से भेज दूँगा।'

शांति के चेहरे पर चमक आ गई, 'सच !'

शंकर ने उसे बाँहों में भर लिया। शांति ने चुपके से अपनी कलाई से कांच की चूड़ियाँ उतार कर सिरहाने रख लीं। सिर्फ एक-एक पहने रही। एक अकेली छनकती नहीं!

सुबह की चाय शंकर को मीठी और माँ को खट्टी लगी। माँ ने रातभर इस बात के बेतुकेपन पर गौर किया था। उन्होंने शंकर से दबी जुबान में कहा, 'फिर इसे आज भेज रहा है!'

'और क्या?'

'सारी औरतें साल में एक बार मायके जाती हैं, वह भी गर्मी की छुट्टियों में! इसका हर महीने जाने का मतलब?'

'चलो देख आएगी माँ को ! आखिर वह भी तो अकेली हैं।'

'माँ-वाँ कुछ नहीं, मुझे तो कुछ और ही चक्कर दीखे है।'

'क्या मतलब?'

'तेरी अकल पर तो पत्थर पड़े हैं। याद नहीं है, वह लोहेवाले की बहू का किस्सा ! हर महीने, चालीस दिन बाद बिसूरने लगती, माँ की याद आ रही है। कभी कहती भतीजा बीमार है, कभी कहती, भतीजी बीमार है। घरवाला बेवकूफ हर बार उसे भेजे था। आखिर पता चला वहाँ पीहर में उसकी आसनाई रही किसी से। उसी से मिलने को हुड़क उठी रहती थी।'

शंकर हक्का-बक्का माँ को ताकता रह गया। इस आशंका पर तो कभी उसका ध्यान गया ही नहीं था।

दुबला, पतला, सूखा सा नौजवान था शंकर। पिछले साल उसे टायफायड हुआ था, तबसे उसके सिर के बाल भी काफी कम हो गये थे, इससे वह और दुबला लगता था। कमजोर होने के कारण वह अपनी उम्र से ज्यादा का दिखाई देता था, जबकि शांति आज भी बेहद सलौनी लगती। जब कभी वे साथ-साथ बाहर निकलते, लोग यही समझते कि शांति अपने पति से दस साल छोटी है, जबकि वह सिर्फ दो साल छोटी थी। उनके बीच अभी तक कोई हँसता-खेलता शिशु नहीं था, यह बात भी लोगों के बीच शंकर को उपहास का पात्र बनाती थी। इस मुद्दे पर शंकर काफी हद तक शक्की और तुनकू बन गया था।

माँ की बात से शंकर का दिमाग भन्ना गया। हालांकि इसका कोई सबूत आज तक उसे मिला नहीं था कि शांति शादी से पहले किसी ओर के नजदीक रही होगी। उसे लगा, पत्नी पर प्रतिबंध लगाना उसका पावन कर्तव्य है। वह अपनी औरत पर काबू नहीं रखेगा तो क्या वह उसे आदमी मानेगी, कभी नहीं। उसके दोस्तों की भी राय थी कि औरत हमेशा ऐसा आदमी पसन्द करती है जो उस पर हक जमाए, धौंस दिखाए और हुक्म चलाए।

एकाएक उसे लगा, उसकी पत्नी एकदम नासमझ है और अपना भला-बुरा बिल्कुल नहीं पहचानती।

शांति इस सबसे बेखबर अपने जाने की तैयारी कर रही थी। उसने थैले में अपनी दो धोतियाँ, ब्लाउज और पेटीकोट रखे। एक छोटा तौलिया रखा साबुन नहीं लिया, क्योंकि घर में एक ही बट्टी थी। उसने सोचा, छः घंटे में तो उतर ही जाना है। माँ चुपचाप देखती रहीं, पर उन्होंने कोई टीका टिप्पणी नहीं की।

शंकर ने शंकित नजर से पत्नी को देखा। मन में सोचा, 'देखा, कितनी जल्दी पड़ी है इसे भागने की'?

'जल्दी आना।' शांति ने पति से कहा।

'देखूँगा।' उसने कहा और साइकिल पर चल दिया।

दिन में कई बार शांति ने माँ से बातचीत करने की कोशिश की, पर माँ ने अपना मौन नहीं तोड़ा। वे रामायण के ऊपर झुकी रहीं। रामायण का पृष्ठ पलटा नहीं गया, पर अध्ययन जारी रहा।

शांतिं ने बुरा नहीं माना। ऐसा तो उसके साथ अक्सर होता था कि वह कुछ पूछती और माँ जवाब नहीं देती। कई बार वे बहुत देर बाद जवाब देतीं। फिर आज तो उसे मायके जाना था। माँ का मुँह फूलना स्वाभाविक ही था।

वैसे शांति ने मन में सोचा था कि माँ कुशल से हों तो वह अगली गाड़ी से ही लौट आएगी।

शाम जब शंकर घर आया, शांति खाना तक बना चुकी थी। चाय पी कर जब वह कपड़े बदलने कमरे में आया, शांति ने लहक कर पूछा, 'टिकट ले आए?'

'नहीं।' शंकर ने त्यौरी चढ़ा कर कहा।

'क्यों?'

'इस तरह रोज-रोज घर नहीं जा सकती तुम। दुनिया की तमाम औरतें साल में एक बार माँ-बाप से मिलने जाती हैं, तुम भी ऐसे ही जाओगी। रोज गाड़ी पकड़ कर दौड़ जाने का क्या मतलब है?'

'कल तुम्हीं ने तो कहा था, चली जाना।'

'कल कहा था न ! तब मुझे तुम्हारी चालाकी समझ नहीं आई थी।'

'मैंने क्या चालाकी की?'

'मेरे साथ ज्यादा जिरह करने की जरूरत नहीं। माँ का नाम ले कर तुम किससे मिलने जा रही हो, मुझे खूब पता है।'

'छिः क्या कहते हो तुम!' शांति का सिर भन्ना गया।

'होगा कोई अड़ोस-पड़ोस में दिलावर सिंह, जिससे दीदे लड़े हैं तुम्हारे!'

'नहीं भेजना है तो सीधे से कह दो, इतनी गंदी तोहमत तो न लगाओ।'

शांति ने रोते-रोते थैले में से कपड़े निकाल डाले।

'इतना दुख क्यों मना रही हो? कोई और बहाना सोच लो जाने का। माँ कह रही थीं, बहाना बनाना कोई तुमसे सीखे।'

माँ इस वक्त दृश्य से अनुपस्थित थीं, फिर भी वे शांति को उपस्थित लगीं। गुस्से के मारे वह वहीं खरहरी खाट पर लेट गई। रोने-सिसकने और आँसू पीने के बीच पता नहीं कब उसकी आँख लग गई।

आधी रात के बाद उसकी नींद खुली। घर में घुप्प अँधेरा था। आँगन की मोरी पर जूठे बर्तन पड़े थे। बरामदे के तख्त पर शंकर सोया था और उसके पैताने एकदम गठरी बनी हुई माँ।

शांति को अपने पति पर तरस आया। बेचारा शंकर ! जरूर अपने आप से बहुत लड़ने और हारने के बाद वह शांति से ऐसी बात बोल

[illegible] मन हुआ, वह अभी घर से भाग निकले। लेकिन इस ख्याल को उसने खुद खारिज कर दिया। वह घर की मालकिन है, ऐसे चोरों की तरह नहीं जाएगी।

घर की हालत शांति से छुपी नहीं थी। उसे पता था कि उसके आने-जाने में सौ रुपये का खर्च इस घर को कितना भारी पड़ेगा। हो सकता है, कई दिनों तक यहाँ सब्जी न बने या दूधवाले के बिल का बकाया रह जाए। एक-एक कर घर की समस्याएं शांति के सामने आती गईं और उसे लगने लगा मानो हर समस्या का समाधान उस सौ रुपये में है, जो उसके आने-जाने में खर्च होगा।

जहाँ कुछ देर पहले वह सोच रही थी कि चाहे कुछ भी हो जाए, वह कल जरूर चली जाएगी, अब सोचने लगी, क्या होगा जा कर। माँ को स्वस्थ या अस्वस्थ देख कर भी वह क्या कर लेगी? जब तक वह वहाँ महीने-दो-महीने न रहे, उसका आना-जाना फिजूल है। चिट्ठी नहीं आई है तो आ जाएगी। वह सुबह एक और चिट्ठी डाल देगी।

शांति का ध्यान माँ की तरफ गया। उसे लगा, यह उसकी सास नहीं, माँ सो रही है। वे भी इसी तरह चारपाई पर आड़ी सिकुड़ कर सोती हैं। वे बीमार हैं तो यह भी कोई निरोग नहीं। इनकी तबीयत भी अचानक खराब हो जाती है। इनके बीमार पड़ने पर शंकर सिवाय घबराने के और कुछ नहीं कर पाता है। तब शांति ही माँ को संभालती है। न जाने का निश्चय कर शांति का चित्त कुछ स्थिर हुआ और वह अपने बिस्तर पर ठीक से सो गई।

सुबह रोज की तरह हुई। रोज की तरह शांति ने उठ कर दिन के काम शुरू किए। सात बजते-बजते बाकी लोग भी उठ गए। शांति ने चाय बनाई। माँ रसोई में ही पटरे पर बैठ चाय पीने लगीं। शांति अपनी और शंकर की चाय बरामदे में ले गई। पति की शक्ल देख उसे लगा, जैसे वह जीवन से बेहद हतोत्साह हो चुका है। उसे तनावमुक्त करने के

ख्याल से शांति ने कहा, तुम नहीं चा[illegible] घर जाऊँ, [illegible],
अब तो खुश हो!'

शंकर ने एक शंकालु दृष्टि से उसे देखा। बिन पिये चाय का गिलास उसने मेज पर टिका दिया।

शांति उसे लगातार देख रही थी। पति ज्यादा देर उसकी तरफ देख नहीं पाया।

'तुम खुश नहीं हुए।' शांति ने पूछा।

माँ ठीक कहती थीं, तुम बड़ी चंट हो। रातोंरात न आने की खबर भी, लगता है, कोई दे गया तुम्हें ! खुश तुम्हें होना चाहिए या मुझे?'

शांति निर्वाक, निस्पन्द अपने पति को देखती रह गई। ऐसे रोगी के साथ सारा जीवन कैसे बीतेगा? शांति ने कहा, 'रात मैंने सोचा था, मैं नहीं जाऊँगी, पर अब मेरा इरादा बदल गया है। मैं अगली गाड़ी से जा रही हूँ। अब जब तुम्हारा दिमाग एकदम ठीक हो जाएगा, तभी वापस आऊँगी।'

◆◆◆